FÜR UNS!

DIESES BUCH GEHÖRT:

....

....

....

SARAH SCHOCKE UND ALEXANDER DÖLLE

FRESH & FAST

SCHNELLE REZEPTE FÜR KINDER

VORWORT

Oft sind wir gefragt worden: Ich weiß nicht, was ich heute für die Kinder kochen soll, habt ihr ein schnelles Gericht? Meistens haben wir Tortilla-Flammkuchen (siehe S. 12) empfohlen – die kann man nach Lust und Laune belegen, sie schmecken allen, sind supereinfach und superschnell zuzubereiten. Aber man kann ja nicht jeden Tag Flammkuchen essen ...

Die Herausforderung stand also. Denn gesund, schnell und kindgerecht ist gar nicht so leicht. Unser Sohn Emilian war stets das gnadenlos ehrliche Testkind und entschied darüber, ob ein Gericht ins Buch durfte oder nicht. Oft luden wir auch seine beiden Kumpels ein, um noch mehr Kindermeinungen zu bekommen. Jetzt sind wir stolz auf diesen bunten Strauß an schnellen und gesunden Gerichten.

Da Kinder meist zu wenig Getreideprodukte und Gemüse, aber zu viel Fleisch essen, sind in diesem Buch viele vegetarische Gerichte. Wenn Sie oder Ihre Kinder noch Fleisch ergänzen möchten, ist dies bei vielen Gerichten problemlos möglich. Wir hoffen, Sie haben Spaß mit unserer Kinderküche und entdecken neue Ideen und Anregungen, die Sie in Ihrem vollen Tag als Eltern kleiner Kinder unterstützen.

Viel Spaß beim Kochen und Ausprobieren wünschen Ihnen
Sarah Schocke und Alexander Dölle

Sarah Schocke

Alexander Dölle

INHALT

- Mama
 was ist das?
- Salat.
- und was
 macht der
 im Burger?

MEINE SUPPE ESS ICH – ODER AUCH NICHT

Bis jetzt haben wir Glück gehabt. Die „Ich esse nur nackte Nudeln"-Phase ist noch nicht aufgetreten. Vielleicht kommt sie noch. Vielleicht liegt es aber auch daran, dass wir ums Essen kein großes Tamtam machen. Wir kochen jeden Tag mit viel frischem Gemüse und jeder Menge Kräuter und Gewürze. Wer es mag, der isst so viel, wie er will. Wer es nicht essen möchte, der wartet eben auf die nächste Mahlzeit. Denn Extrawürste gibt es nur für Vegetarier. Die sind dann meistens aus Tofu, schmecken unserem Sohn aber genauso gut - Hauptsache Würstchen. Für sie würde Emilian alles tun, sogar sein Zimmer aufräumen.

Alle Rezepte in diesem Buch sind für 2 Erwachsene und 2 (Klein-)Kinder ausgelegt.

Kochen für Kinder

Kleine Kinder lieben es mitzuhelfen. Wenn unser Sohn quengelig wird, weil ihm die Zeit, bis das Essen fertig ist, endlos erscheint, motivieren wir ihn mitzuhelfen. Wenn er Teig ausrollen, Gemüsespiralen drehen oder sogar Gurken schneiden darf, dann isst er auch mit großer Begeisterung, was ER gekocht hat. Kinder aktiv miteinzubinden, keinen Zwang zum Essen auszuüben und aus dem vollen Nahrungsangebot zu schöpfen, ist das Geheimnis, warum Kinder vieles probieren und essen.

Linsen, Grünkohl, Samen, Nüsse, Kiwi, Curry - alles kommt auf den Tisch. Emilian liebt beispielsweise grüne Smoothies. Er hat sogar schon mit Begeisterung einen Weizengras-Shot getrunken - bittere Brühe, die wir uns gerade so runterzwängen konnten. Es ist kein Garant, dass das für immer so bleibt. Wir hoffen aber, mit unserer Herangehensweise das Fundament zu legen für Interesse und Spaß am Kochen und an gesunder Ernährung. Selbst wenn irgendwann die Phase kommt, in der Kinder alles doof finden und nur noch Pommes oder Tütensuppe essen wollen, hoffen wir, dass sie sich irgendwann später wieder daran erinnern, wie sie davor gegessen haben, und dass sie dahin zurückkehren.

Um aus einem Nackte-Nudeln-Kind ein Fresh-and-fast-Kind zu machen, können Sie Folgendes versuchen:

MEHRMALS ANBIETEN

Bieten Sie Lebensmittel immer mehrfach an. Ich zum Beispiel mag Auberginen nur klein geschnitten. Warum sollte es Kindern nicht ähnlich gehen? Bieten Sie Lebensmittel roh, gedünstet, gebraten, klein geschnitten, geraspelt, püriert etc. an. Vielleicht ist ja etwas dabei, das Ihrem Kind doch schmeckt.

ZUGUCKEN UND/ODER MITHELFEN LASSEN

Kinder machen gerne mit. Und wenn sie selbst das Essen zubereitet haben, essen sie es in den meisten Fällen auch viel lieber.

NICHTS ERZWINGEN

Essen sollte immer Spaß machen und frei von Zwang sein. Als wir Kinder waren, gab es die Regel: „Du isst so viel Rosenkohl, wie du alt bist." Kein Wunder, dass Rosenkohl sehr lange nicht auf unserer Liste der Top-Gemüse-Favoriten stand. Kinder haben manchmal einfach nicht so viel Hunger und auch nicht immer Lust auf das, was auf den Tisch kommt. Das ist okay. Bloß nichts erzwingen. Essen sollte positiv besetzt sein – der Rest findet sich von alleine. Oder kennen Sie Erwachsene, die ausschließlich Nudeln mit Ketchup essen?

SELBST AUSSUCHEN LASSEN

Kinder möchten miteinbezogen werden. Und das fängt schon im Supermarkt an. Emilian darf sich beim Einkaufen immer Obst oder Gemüse aussuchen. Mal packt er Paprika ein, mal Avocado, mal Kiwi. Aber auch beim Kochen können Kinder mitentscheiden: Soll es lieber Reis oder Hirse geben? Würzen wir asiatisch oder mediterran? Es soll schließlich allen schmecken.

Kochen mit Kindern

Beaufsichtigen und unterstützen Sie Ihre Kinder. Dann können schon ganz Kleine mithelfen. Und: Jedes Kind ist anders. So wie manche früher und andere später sprechen, können manche schon früher mit dem Messer schneiden oder Gemüse raspeln und andere eben etwas später.

WAS KÖNNEN KINDER AB WELCHEM ALTER?

3- bis 4-Jährige: Teig für Tartes, Quiches und Plätzchen mit den Händen kneten und mit dem Nudelholz ausrollen. Kekse mit Förmchen ausstechen. Zutaten vermischen, umrühren. Spieße stecken, würzen, Backformen einfetten und befüllen

4- bis 5-Jährige: abwiegen, verzieren, weiches Obst und Gemüse wie zum Beispiel Banane oder Avocado unter Aufsicht mit einem Tafelmesser klein schneiden

6- bis 8-Jährige: Gemüse und Obst waschen und putzen, Gemüse mit einem Sparschäler schälen, Gemüse und Käse raspeln, Zutaten mit dem Messer klein schneiden, kalte, einfache Gerichte wie Quarkspeisen allein zubereiten, unter Aufsicht mit dem Mixer oder dem Handrührgerät arbeiten

8- bis 10-Jährige: Zutatenmengen umrechnen, Mixer und Handrührgerät allein bedienen, einfache, warme Gerichte allein kochen, etwa Muffins oder Nudeln

+ SALZ

Verwenden Sie Salz nur sparsam. Der Salzkonsum ist in Deutschland zu hoch und begünstigt einige Krankheiten wie z.B. Bluthochdruck.

SCHÄRFE

Würzen Sie zurückhaltend. Nehmen Sie beispielsweise ein mildes Curry. Wenn Ihr Kind das mag und gut verträgt, können Sie mutiger werden. Nachwürzen geht natürlich immer.

+ BITTER

Streichen Sie „bitter" bitte nicht von vornherein, denn Bitterstoffe sind wichtig, etwa für die Verdauung. Sie sollten ab und zu in den Gerichten auftauchen, z.B. als Wildkräuter oder Rucola.

KRÄUTER

Verwenden Sie reichlich Kräuter. Sie besitzen gesunde Inhaltsstoffe und sorgen für tolle Würze. Mit vielen Kräutern gewürztes Essen benötigt häufig weniger Salz.

+ SÜSS

Wie Salz nur sparsam einsetzen und natürliche Süße bevorzugen, z.B. Obst, Trockenobst. Vollrohrzucker bringt eine Karamellnote.

Mama, das ist zu scharf – würzen für Kinder

Unsere Kinder sind das Salz in der Suppe. Sie bringen Würze in unser Leben und wir auf ihre Teller. Dabei darf es ruhig bunt zugehen: Verschiedene Kräuter und Gewürze zum Mörsern oder als Pulver - so wird jedes Gericht zu etwas Besonderem.
Salz und Pfeffer haben wir in unseren Rezepten sparsam verwendet, manchmal sogar ganz weggelassen. Wer es gerne kräftiger mag, darf natürlich nachwürzen. Am besten mit Jodsalz. Denn die Jodversorgung ist hierzulande nicht optimal, vor allem bei Kindern.

SO GEHT SCHNELLE KÜCHE

Gute Vorbereitung heißt das Zauberwort. Ehrlich gesagt, sind wir auch eher diejenigen, die wie wild durch die Küche flitzen und den Vorratsschrank durchwühlen - da muss doch noch eine Kokosmilch sein ... Das kostet aber extrem viel wertvolle Kochzeit, wie wir gemerkt haben. Unsere Lektion, die wir während der Arbeit an diesem Buch lernten: erst alles bereitstellen, was man braucht, sowohl Lebensmittel als auch Küchengerätschaften. Dann entfallen lästige Lauf- und Suchwege und das Kochen läuft bei Weitem entspannter ab.

Wer schnell kochen will, braucht außerdem gute, *scharfe Messer* - eins reicht in den meisten Fällen. Es macht nämlich einen deutlichen Unterschied, ob das Messer butterweich durch die Kräuter, Tomaten, Zucchini u. Ä. gleitet oder ob man mit äußerster Anstrengung hin und her und hin und her schneidet, bis die Kräuter endlich fein gehackt sind.

Der *Blitzhacker* ist ein wichtiges Tool für die schnelle Küche. So fix wie der Kräuter, Knoblauch und Nüsse klein schrotet, können selbst wir nicht schneiden. Manche haben auch tolle Küchenmaschinen, die das ebenso draufhaben.

Wasser im *Wasserkocher* aufkochen und dann zum Beispiel in den Nudeltopf geben - das beschleunigt den Ablauf enorm und spart auch noch Energie.

Natürlich gibt es auch *Lebensmittel,* die sich besonders für die schnelle Küche eignen. Nämlich solche, die man nicht ewig schälen oder lange garen muss. Artischocke und Butternutkürbis sind deshalb leider raus. Dafür sind Cocktailtomaten, Zucchini und Gurke umso herzlicher willkommen.

PRAKTISCH, WENN'S SCHNELL GEHEN SOLL

ALLROUNDER

vorgegarte vakuumverpackte Rote Bete und Mais
Frühlingszwiebeln
Baby-Spinat
Salatherzen
Avocado
Fenchel
Bio-Frühkartoffeln (Drillinge)

+ Manche Lebensmittel sollten Sie einfach immer zu Hause haben, weil Sie daraus jederzeit ein leckeres, schnelles Essen zaubern können.

Aus dem Trockensortiment

Couscous
Hirse
Nudeln
rote Linsen
verschiedene Nüsse, Kerne und Samen
Tortilla-Wraps

AUS DER TIEFKÜHLTRUHE

Obst, wie z.B. Beeren
Gemüsesorten, wie z.B. Spinat, Brokkoli, Möhren, Erbsen
Kräuter
Fisch

AUS DEM GLAS

Oliven
geröstete, gehäutete Paprikaschoten
Mini-Mais und Mais
saure Gurken
Kidneybohnen
Kichererbsen
Tomaten
Kokosmilch

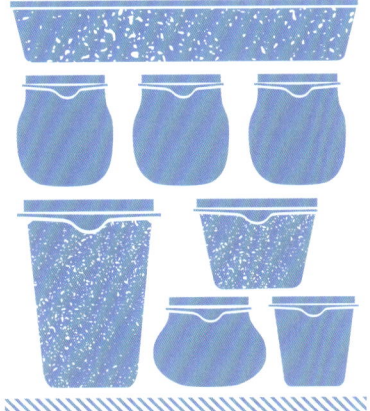

AUS DEM KÜHLREGAL

frische Nudeln
frischer Teig, z.B. Filou-, Quiche- oder Pizzateig
geriebener Käse
ggf. küchenfertige Garnelen
ggf. Tofu

KAPITEL 1

BIS MIN. 15 SCHNIPPEL ZEIT

Auch für durchorganisierte Eltern ist das eine echte Herausforderung: Nicht mehr als 15 Minuten Zeit, um das Essen vorzubereiten, und trotzdem soll es frisch gekocht und gesund sein. Geht nicht? Und ob! Als Zauberzutaten für rekordverdächtige Zubereitungszeiten erweisen sich zum Beispiel fix und fertig geputztes Gemüse aus der Tiefkühltruhe, blitzschnell gekneteter Teig oder hochwertige Frischprodukte aus dem Kühlregal.

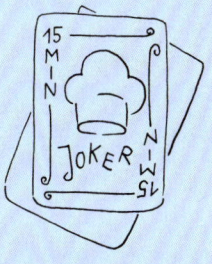

FAST & FRESH

VEGGIE

KARTOFFEL-OMELETT MIT MAIS

1 Eine große beschichtete Pfanne mit der Butter ausstreichen. Die Kartoffeln mit der Schale gründlich waschen, abtrocknen, quer halbieren und mit der Schnittseite nach unten nebeneinander in die Pfanne setzen. Den Brokkoli darauf verteilen, 300 ml kaltes Wasser angießen und die Pfanne locker mit Alufolie abdecken, sodass noch Dampf entweichen kann.

2 Das Gemüse auf dem Herd bei starker Hitze 16 bis 18 Minuten kochen, bis das Wasser vollständig verdampft ist und die Kartoffeln zu karamellisieren beginnen.

3 Inzwischen den Mais in ein Sieb abgießen, kalt abbrausen und abtropfen lassen. Eier, Milch und gekörnte Brühe in einem hohen Rührbecher mit dem Schneebesen gründlich verquirlen. Die Eiermasse mit etwas Pfeffer würzen.

4 Sobald die Kartoffeln karamellisieren, die Alufolie entfernen (Achtung: Dabei entweicht heißer Dampf!) und den Mais über den Kartoffeln verteilen. Die Temperatur auf mittlere Hitze reduzieren. Die Eiermasse in die Pfanne gießen, alles wieder mit der Alufolie abdecken und 9 Minuten stocken lassen. Sofort servieren und nach Belieben mit Salz würzen.

ZUTATEN

FÜR 4 PERSONEN
30 g weiche Butter
600 g kleine Frühkartoffeln (Drillinge)
300 g Brokkoliröschen (TK)
1 Dose Mais
(340 g Abtropfgewicht)
3 Eier
50 ml Milch
1 TL gekörnte Brühe
Pfeffer aus der Mühle

 Schnippel- und Rührzeit: 15 Min.
Auf dem Tisch in: 30 Min.

TIPP:
Außerhalb der Saison für Frühkartoffeln können Sie auch andere, möglichst kleine Kartoffeln verwenden – diese dann schälen!

MÖHREN-TORTILLA-FLAMMKUCHEN

1 Den Backofen auf 220 °C Umluft vorheizen. Zwei Backbleche mit Backpapier auslegen. Die Möhren putzen und schälen, den Knoblauch schälen. Beides in grobe Stücke schneiden und mit dem Oregano im Blitzhacker fein zerkleinern.

2 Auf jedes Blech 1 Tortilla-Wrap legen und jeweils mit 50 g saurer Sahne bestreichen. Je ein Viertel der Möhrenmischung darauf verteilen und mit je 50 g Emmentaler bestreuen. Die Flammkuchen im Ofen auf der untersten und mittleren Schiene 3 Minuten backen, dann die Bleche tauschen und die Flammkuchen weitere 2 bis 3 Minuten fertig backen.

3 Die Flammkuchen vom Blech nehmen, in Stücke schneiden und sofort servieren. Aus den übrigen Wraps und den restlichen Füllungszutaten auf die gleiche Weise zwei weitere Flammkuchen zubereiten und backen.

Tipp:

Noch schneller geht's, wenn Sie Tiefkühlmöhrenscheiben morgens schon im Sieb auftauen und abtropfen lassen – oder Spinat oder Brokkoli … Der Flammkuchen schmeckt übrigens auch mit Pesto oder Ajvar statt saurer Sahne sowie Feta oder Mozzarella statt Emmentaler.

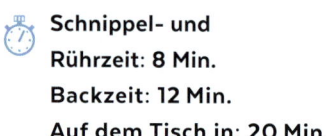

ZUTATEN

FÜR 4 PERSONEN
600 g Möhren
2 Knoblauchzehen
2 TL getrockneter Oregano
4 Tortilla-Wraps (à 30 cm Ø; oder Dürüm)
200 g saure Sahne
200 g geriebener Emmentaler

Schnippel- und Rührzeit: 8 Min.
Backzeit: 12 Min.
Auf dem Tisch in: 20 Min.

Küchen-Extras: Blitzhacker

VEGGIE

GRÜNES KARTOFFELCURRY

1 Die Kartoffeln schälen, waschen und in 1 bis 2 cm große Würfel schneiden. Von der Kokosmilch 1 EL Kokosfett abnehmen und in einem Topf erhitzen. Die Currypaste dazugeben und unter Rühren kurz anbraten. Die restliche Kokosmilch angießen, 1 TL Salz und die Kartoffelwürfel hinzufügen. Alles aufkochen und anschließend mit geschlossenem Deckel bei mittlerer Hitze 20 Minuten köcheln lassen.

2 Inzwischen die Limette halbieren und den Saft auspressen. Die Zucchini putzen, waschen, längs vierteln und in 1 cm dicke Stücke schneiden. Nach 20 Minuten Garzeit Limettensaft, gefrorenen Spinat, gefrorene Erbsen und Zucchinistücke unter die Kartoffeln mischen. Das Curry 5 Minuten weiterköcheln lassen.

3 Den Koriander waschen und trocken schütteln, die Blätter von den Stielen zupfen und klein hacken. Das Curry vom Herd nehmen und auf Teller verteilen. Mit Koriander bestreuen, nach Belieben mit Salz würzen und servieren.

ZUTATEN

FÜR 4 PERSONEN
600 g festkochende Kartoffeln
400 ml Kokosmilch
(aus der Dose)
½ TL grüne Currypaste (ersatzweise 1 EL Currypulver)
Salz
1 Limette
250 g Zucchini
250 g Blattspinat (TK)
150 g Erbsen (TK)
4 Stiele Koriandergrün

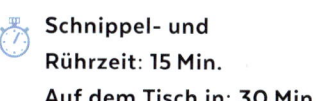

Schnippel- und
Rührzeit: 15 Min.
Auf dem Tisch in: 30 Min.

Küchen-Extras:
Zitruspresse

TIPP:
Wie mild oder scharf das
Curry wird, bestimmen
Sie selbst mit der Wahl der
Currypasten-Sorte. Beim
Einkauf darauf achten!

SCHUPFNUDELN MIT TOMATEN UND SPINAT

1 Die Tomaten waschen und halbieren. Den Spinat verlesen, waschen und in einem Sieb abtropfen lassen. Die Zwiebeln schälen und in dünne Ringe schneiden.

2 In einer großen Pfanne 1 EL Olivenöl erhitzen und die Zwiebelringe darin bei mittlerer Hitze 1 bis 2 Minuten anbraten. Das restliche Öl und die Schupfnudeln hinzufügen und alles 3 Minuten weiterbraten. Schupfnudeln und Zwiebeln an den Pfannenrand schieben.

3 Die Tomaten in die Mitte der Pfanne geben, mit Zucker bestreuen und karamellisieren. Mit Essig ablöschen und alles mischen. Den Spinat hinzufügen und 1 Minute zusammenfallen lassen. Nochmals alles gut vermischen und mit Salz und Pfeffer würzen. Zum Servieren mit den Pinienkernen bestreuen.

Tipp:

Manche kleinen Kinder mögen die Konsistenz von Tomaten, Zwiebelringen und Spinat nicht. Dann die Schupfnudeln getrennt von der Sauce zubereiten und die Sauce pürieren. Rote Zwiebeln machen optisch viel her und sind meist weniger „bissig" als weiße.

ZUTATEN

FÜR 4 PERSONEN
500 g Cocktailtomaten
200 g Baby-Spinat
2 rote Zwiebeln
2 EL Olivenöl
600 g Schupfnudeln
(aus dem Kühlregal)
2 TL Zucker
2 EL Weißweinessig
Salz · Pfeffer aus der Mühle
2 EL Pinienkerne

 Schnippel- und Rührzeit: 15 Min.
Auf dem Tisch in: 20 Min.

VEGGIE

+ TIPP

DIE SCHUPFNUDELN
SCHMECKEN AUCH MIT
WENIGER ODER GANZ
OHNE ZWIEBELN.

TOMATENQUICHE MIT SPINAT UND MANDELN

1 Den Backofen auf 250 °C Umluft vorheizen. Den Spinat in einer ofenfesten Schale im Ofen auftauen lassen. Währenddessen die Tomaten grob zerkleinern, den Knoblauch schälen. Beides in den Blitzhacker geben und fein hacken.

2 Die Springform mit Gugelhupfeinsatz mit dem Öl der getrockneten Tomaten einfetten. Den Quicheteig auf der Arbeitsfläche ausbreiten und mit dem Glas oder der Ausstechform in der Mitte ein Loch ausstechen. Die Form mit dem Teig auslegen und den Rand hochziehen, auch an der Innenseite des Form-Lochs.

3 Den Spinat aus dem Ofen nehmen und ausdrücken. Die Tomaten-Knoblauch-Mischung untermischen und die Masse mit ½ TL Salz und etwas Pfeffer würzen. Die Eier und den Schmand in einem hohen Rührbecher mit dem Schneebesen verquirlen, den Eierguss mit Salz und Pfeffer würzen.

4 Die Hälfte der Spinatmasse auf dem Teig verteilen und mit der Eiermasse übergießen. Die restliche Spinatmasse darauf verteilen und mit Mandelstiften bestreuen. Die Quiche im Ofen auf der mittleren Schiene 20 Minuten backen.

5 Zum Servieren vorsichtig aus der Form lösen und in Stücke schneiden (wie einen Kuchen). Schmeckt auch kalt, eignet sich daher super zum Mitnehmen für Picknick und Co. und ist ein toller Hingucker auf jedem Buffet.

ZUTATEN

FÜR 1 QUICHE VON 28 CM Ø
200 g Blattspinat (TK)
50 g getrocknete Tomaten (in Öl)
2 Knoblauchzehen
300 g Quicheteig (backfertig rund ausgerollt, ca. 32 cm Ø; aus dem Kühlregal)
Salz · Pfeffer aus der Mühle
2 Eier (Größe L)
200 g Schmand
40 g Mandelstifte

🕐 Schnippel- und Rührzeit: 10 Min.
Backzeit: 20 Min.
Auf dem Tisch in: 30 Min.

🧤 Küchen-Extras:
ofenfeste Schale
Blitzhacker
Springform mit Gugelhupfeinsatz (28 cm Ø)
Glas oder runder Ausstecher (ca. 6 cm Ø)

alles

VEGGIE

BLUMENKOHLTÖRTCHEN MIT KNUSPERBODEN

1 Den Backofen auf 200 °C Umluft vorheizen. Den Blumenkohl und die Kräuter in einer ofenfesten Schale im Ofen auftauen lassen. Währenddessen die Soft-Tomaten fein hacken. Blumenkohl und Kräuter abtropfen lassen und mit den Tomaten mischen.

2 Die Mulden des Muffinblechs mit Butter einfetten und jeweils 2 EL Saatenmischung hineingeben. Die Form leicht auf den Tisch klopfen, sodass sich die Kerne auf dem Boden der Mulden verteilen. Die Eier in einen hohen Rührbecher aufschlagen. Milch, ¼ TL Salz und etwas Pfeffer hinzufügen und alles mit dem Schneebesen verquirlen.

3 Die Blumenkohlmischung gleichmäßig in die Mulden des Blechs verteilen und den Eierguss daraufgießen. Die Törtchen mit Käse bestreuen und im Ofen auf der mittleren Schiene 20 Minuten goldbraun backen. Dazu passt verzehrfertiger Salat mit Joghurtdressing.

Tipp:

Statt Blumenkohl schmecken die Törtchen ebenso gut auch mit Brokkoli, und die Saaten können problemlos durch fein gehackte Nüsse ersetzt werden.

ZUTATEN

FÜR 12 STÜCK
300 g Blumenkohlröschen (TK)
4 EL gemischte italienische Kräuter (TK)
7 Soft-Tomaten (weiche getrocknete Tomaten)
250 g Saatenmischung für Salat (z.B. Kürbiskerne, Sesamsamen, Sonnenblumenkerne; ersatzweise nur Sonnenblumenkerne)
4 Eier · 400 ml Milch
Salz · Pfeffer aus der Mühle
100 g geriebener Käse (z.B. Emmentaler)

AUSSERDEM
Butter für das Blech
verzehrfertiger Salat (aus dem Kühlregal)
Joghurtdressing

Schnippel- und Rührzeit: 10 Min.
Backzeit: 20 Min.
Auf dem Tisch in: 30 Min.

Küchen-Extras:
ofenfeste Schale
Muffinblech mit 12 Mulden
(à 7 cm Ø)

AMERIKANISCHE REGENBOGENPIZZA

1 Den Backofen auf 200 °C Umluft vorheizen. Ein Backblech mit Backpapier auslegen. Den Spinat und die Möhren separat in den ofenfesten Schalen im Ofen auftauen lassen, anschließend abtropfen lassen. Den Spinat vorsichtig mit den Händen ausdrücken. Den Rotkohl waschen und in feine Streifen schneiden oder hobeln. Die Paprikaschoten in feine Streifen schneiden.

2 Für den Pizzateig 150 g Quark mit Mehl, Milch, Öl, Backpulver und Ei in einer Schüssel zügig zu einem Teig verkneten. Den Teig mit dem bemehlten Nudelholz auf dem Blech zu einem großen Kreis (etwa 30 cm Durchmesser) ausrollen und mit den Händen zurechtzupfen.

3 Den Pizzaboden gleichmäßig mit dem restlichen Quark bestreichen. Mit Salz und Pfeffer würzen und mit den italienischen Kräutern bestreuen. Das Gemüse von außen nach innen ringförmig darauf verteilen: ganz außen Spinat, dann Rotkohl, rote Paprika, Möhren und innen Mais. Den Mozzarella abtropfen lassen, mit den Fingern klein zupfen und auf dem Gemüse verteilen.

4 Die Pizza im Ofen auf der untersten Schiene 10 Minuten backen, dann die Temperatur auf 220 °C Umluft erhöhen und die Pizza 10 Minuten fertig backen.

ZUTATEN

FÜR 4 PERSONEN
200 g Blattspinat (TK)
100 g Möhren (TK)
60 g Rotkohlblätter
2 gegrillte rote Paprikaschoten (aus dem Glas)
250 g Magerquark
300 g Mehl
50 ml Milch
50 ml Öl
2 gestrichene EL Backpulver (12 g)
1 Ei
Salz · Pfeffer aus der Mühle
2–3 EL italienische Kräuter (getrocknet oder TK)
2 TL Maiskörner (aus der Dose)
125 g Mozzarella

AUSSERDEM
Mehl zum Verarbeiten

 Schnippel- und Rührzeit: 10 Min.
Backzeit: 20 Min.
Auf dem Tisch in: 30 Min.

 Küchen-Extras:
2 ofenfeste Schalen
evtl. Gemüsehobel
Nudelholz

VEGGIE

KINDER-
LIEBLING

PENNE MIT ERBSEN-SCHINKEN-SAUCE

1 Den Schinken in dünne Streifen schneiden. Die Penne mit der unaufgetauten Erbsen-Möhren-Mischung und den Schinken-streifen in einen Topf schichten. Die Sahne, die Milch und 400 ml Wasser dazugießen.

2 Die Nudelmischung mit geschlossenem Deckel einmal auf-kochen und anschließend bei mittlerer Hitze 10 Minuten gar köcheln lassen.

3 Die Nudeln in der Sauce noch einmal umrühren, mit Pfeffer und nach Belieben mit Salz würzen und servieren.

Tipp:

Dieses Gericht geht einfach immer und steht sensationell schnell auf dem Tisch. Geschirr wird beim Kochen auch noch gespart, denn alles wird in einem Topf gegart – ein richtiges One-Pot-Rezept eben.
Käsefans streuen einfach noch etwas Reibekäse über den Nudelteller. Und natürlich kann man statt der Erbsen auch mal Brokkoliröschen verwenden.

ZUTATEN

FÜR 4 PERSONEN
200 g Kochschinken
(in dünnen Scheiben)
300 g Penne
400 g Erbsen-Möhren-
Mischung (TK)
200 g Sahne
200 ml Milch
Pfeffer aus der Mühle

 Schnippel- und
Rührzeit: 5 Min.
Garzeit: 10 Min.
Auf dem Tisch in: 15 Min.

RATZFATZ-SALAT

KEINE ZEIT ZU WARTEN? DANN SORGT DIESER SALAT BLITZ-SCHNELL FÜR SATTE BÄUCHE.

EIERSALAT AUFM BROT

IN 10 MINUTEN AUF DEM TISCH!

THUNFISCH-SANDWICH

„BOAH, MAMA, DAS GING JA SUPERSCHNELL!"

WEISSE-BOHNEN-SUPPE

FÜR ALLE UNGEDULDIGEN (SUPPEN-) KASPER UND PRINZESSINNEN

RATZFATZ-SALAT

1 Die Bohnen in einem Sieb abbrausen und abtropfen lassen. Die Tomaten waschen und in kleine Würfel schneiden, dabei jeweils den Stielansatz entfernen. Die Avocado halbieren und den Stein entfernen. Das Avocadofruchtfleisch mit einem Esslöffel auslösen und in etwa 1 cm große Würfel schneiden.

2 Die vorbereiteten Zutaten mit dem Salat und dem Pesto in einer Schüssel vermischen. Mit Brot servieren.

Tipp:

Statt schwarzer Bohnen passen auch weiße Bohnen, Linsen oder Kichererbsen aus der Dose.

ZUTATEN

FÜR 4 PERSONEN
1 Dose schwarze Bohnen
(400 g Abtropfgewicht)
500 g Tomaten
1 reife Avocado
100 g verzehrfertiger Salat
(aus dem Kühlregal)
140 g Pesto (aus dem Glas)
4 Scheiben Brot
(Sorte nach Geschmack)

 Schnippel- und
Rührzeit: 10 Min.
Auf dem Tisch in: 10 Min.

EIERSALAT AUFM BROT

1 Die Gewürzgurken in kleine Würfel schneiden. Die Eier pellen und ebenfalls in kleine Würfel schneiden.

2 Magerquark, Gurken-Einlegesud und Naturjoghurt in einer Schüssel zu einer glatten Sauce verrühren. Die Gurken- und Eierwürfel unterheben. Den Salat mit Salz und Pfeffer abschmecken und auf die Brotscheiben verteilen. Sofort servieren.

ZUTATEN

FÜR 4 PERSONEN
150 g Gewürzgurken
3 hart gekochte Eier
100 g Magerquark
3 EL Gewürzgurken-Einlegesud
50 g Naturjoghurt
Salz · Pfeffer aus der Mühle
6 Scheiben Vollkornbrot

 Schnippel- und
Rührzeit: 10 Min.
Auf dem Tisch in: 10 Min.

WEISSE-BOHNEN-SUPPE

1 Die Bohnen in einem Sieb abbrausen und abtropfen lassen. Mit Tomaten, Agavendicksaft, Gemüsebrühe und Kräutern in einem Topf aufkochen.

2 Inzwischen die Geflügel-Wiener in etwa 1 cm breite Scheiben schneiden und auf vier tiefe Teller verteilen.

3 Die Bohnenmischung im Topf mit dem Stabmixer fein pürieren. Die Suppe mit Salz und Pfeffer abschmecken, über die Würstchen verteilen und sofort servieren. Dazu passt Brot.

ZUTATEN

FÜR 4 PERSONEN
je 1 Dose Cannellini-Bohnen
und geschälte Tomaten
(à 240 g Abtropfgewicht)
3 EL Agavendicksaft
400 ml Gemüsebrühe
2 EL italienische Kräuter (TK)
4 Geflügel-Wiener-Würstchen
Salz · Pfeffer aus der Mühle

 Schnippel- und
Rührzeit: 10 Min.
Auf dem Tisch in: 10 Min.

 Küchen-Extras: Stabmixer

THUNFISCH-SANDWICH

1 Den Thunfisch abtropfen lassen. Die Kichererbsen in einem Sieb abbrausen und abtropfen lassen. Thunfisch, Kichererbsen und Naturjoghurt in einem hohen Rührbecher mit dem Stabmixer fein pürieren. Die Creme mit Salz und Pfeffer abschmecken.

2 Die Salatgurke und die Tomate waschen, von der Tomate den Stielansatz entfernen. Gurke und Tomate in dünne Scheiben schneiden.

3 Alle Brotscheiben mit der Thunfischcreme bestreichen. 4 Brotscheiben mit Tomaten- und Gurkenscheiben belegen und mit Kürbiskernen bestreuen. Die restlichen Brotscheiben mit der bestrichenen Seite nach unten darauflegen. Die Sandwiches zum Servieren nach Belieben diagonal halbieren.

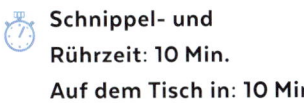
ZUTATEN

FÜR 4 PERSONEN
je 100 g Thunfisch im eigenen
Saft und Kichererbsen (aus der
Dose) · 2 EL Naturjoghurt
Salz · Pfeffer aus der Mühle
100 g Salatgurke · 1 Tomate
8 Scheiben Dinkelbrot
4 EL Kürbiskerne

Schnippel- und
Rührzeit: 10 Min.
Auf dem Tisch in: 10 Min.

Küchen-Extras: Stabmixer

LACHSSCHIFFCHEN MIT TORTELLINI

1 Den Backofen auf 250 °C Umluft vorheizen. Den Lachs waschen, trocken tupfen und in kleine Würfel schneiden. Die Zucchini putzen, waschen und ebenfalls in kleine Würfel schneiden. Die Zucchiniwürfel mit dem Pesto in einer Schüssel gut mischen.

2 Die Paprikaschoten längs halbieren, entkernen und waschen. Den Stiel nach Belieben entfernen.

3 Vier Stücke Alufolie in etwa DIN-A4-Größe zurechtlegen. Jeweils eine Paprikahälfte darauflegen und mit Tortellini, Lachs und Zucchini füllen. Darauf achten, dass die Tortellini möglichst unten liegen und gut umschlossen sind, damit sie gar werden.

4 Die Alufolie jeweils an den vier Ecken über dem Türmchen zusammenfassen und zudrehen, sodass verschlossene Päckchen entstehen. Die Päckchen auf dem Gitterrost im Ofen auf der mittleren Schiene 20 Minuten backen. Dann mitsamt der Alufolie auf Teller verteilen.

Tipp:

Wer keinen Fisch mag, kann Erbsen oder weiße Bohnen aus dem Glas mit in die Paprika füllen. Diese dann vorher abtropfen lassen und mit Pesto und Zucchiniwürfeln vermischen. Für eine Extraportion Omega-3-Fettsäuren nach dem Garen noch gehackte Walnüsse darüberstreuen.

ZUTATEN

FÜR 4 PERSONEN
2 Lachsfilets
(à 100 g, ohne Haut)
1 Zucchini (ca. 300 g)
120 g rotes oder grünes Pesto
(aus dem Glas)
2 große Paprikaschoten
(Farbe nach Belieben)
250 g frische Tortellini
(2–3 Min. Garzeit;
aus dem Kühlregal)

 Schnippel- und Rührzeit: 10 Min.
Backzeit: 20 Min.
Auf dem Tisch in: 30 Min.

TIPP:
Da das Gericht Fisch enthält, wählen Sie am besten frische Tortellini mit einer milden vegetarischen Füllung, z. B. auf Ricottabasis.

ONE-PAN-CURRY MIT PUTE UND REIS

1 Die Brokkoliröschen je nach Größe etwas kleiner schneiden. Die Frühlingszwiebeln putzen, waschen, trocken tupfen und schräg in etwa 2 cm lange Stücke schneiden. Die Paprikaschote längs halbieren, entkernen, waschen, trocken tupfen und in feine Streifen schneiden.

2 Das Öl in einer großen beschichteten Pfanne erhitzen und das Putengulasch darin rundum 3 Minuten anbraten. Die Frühlingszwiebelstücke dazugeben und alles 1 Minute weiterbraten. Reis waschen, abtropfen lassen und mit Currypaste, Brokkoli und Paprika zum Gulasch geben.

3 Die Reis-Gemüse-Mischung mit der Kokosmilch und der Tomatenpassata ablöschen, aufkochen und mit geschlossenem Deckel bei mittlerer Hitze etwa 15 Minuten köcheln lassen. Mit den Erdnüssen bestreut servieren.

Tipp:

Sehr kleine Kinder können sich an den Erdnüssen verschlucken. Wer auf Nummer sicher gehen will, schickt die Nüsse vorher durch den Blitzhacker oder rührt alternativ 1 EL Erdnusscreme in die Pfanne. Als vegetarisches Gericht klappt das One-Pan-Curry übrigens auch: einfach das Putengulasch durch gewürfelten Naturtofu ersetzen.

ZUTATEN

FÜR 4 PERSONEN
300 g Brokkoliröschen
(TK; angetaut)
3 Frühlingszwiebeln
1 große gelbe Paprikaschote
(ca. 200 g)
1 TL Rapsöl
200 g Putengulasch
100 g Basmatireis
1 TL milde Currypaste
(ersatzweise 1–2 EL mildes
Currypulver)
200 ml Kokosmilch
(aus der Dose)
250 g Tomatenpassata
(aus dem Glas oder Tetrapack)
2 EL geröstete Erdnusskerne

 Schnippel- und
Rührzeit: 15 Min.
Köchelzeit: 15 Min.
Auf dem Tisch in: 30 Min.

+ TIPP

PUTENFLEISCH AUS
DER OBERKEULE
KANN MAN SELBST IN
WÜRFEL SCHNEIDEN.

MITTAG

CURRY-PUTEN-SPIESSE MIT GNOCCHI

1 Den Backofen auf 200 °C Umluft vorheizen. Ein Backblech mit Backpapier auslegen. Die Aprikosen waschen, halbieren und entsteinen, große Früchte vierteln.

2 Die Maiskolben quer in etwa 1 cm dicke Scheiben schneiden, diese anschließend halbieren. Die Putenbrust waschen, trocken tupfen und in etwa 2 cm große Würfel schneiden. Das Öl in einem Schälchen mit dem Currypulver gut verrühren.

3 Mais, Pute und Gnocchi abwechselnd auf die Spieße stecken. Die Spieße auf das Blech legen und mit dem Curryöl bestreichen. Die Aprikosen dazulegen und alles im Ofen auf der mittleren Schiene 10 Minuten backen. Die Spieße nach Belieben mit Salz bestreuen und servieren.

Info:

Die Aprikosen bringen eine fruchtige Note ins Gericht und bilden einen guten Kontrast zu den herzhaften Spießen. Doch nicht alle Kinder mögen die gebackenen Aprikosen, deshalb werden sie nur dazu serviert.

ZUTATEN

FÜR 8 SPIESSE
400 g Aprikosen
2 Maiskolben (ca. 500 g; vorgegart und vakuumverpackt)
300 g Putenbrustfleisch
4 EL Rapsöl
2 TL mildes Currypulver
400 g Pfannen-Gnocchi (Fertigprodukt; aus dem Kühlregal)
Salz

 Schnippel- und Rührzeit: 15 Min.
Backzeit: 10 Min.
Auf dem Tisch in: 25 Min.

 Küchen-Extras:
8 Holzspieße
(Schaschlikspieße)

TIPP:
Saison für frischen Zuckermais? Die Kolben schmecken auch nach kurzer Garzeit und können roh mit aufgespießt werden.

TOMATENBULGUR MIT HÄHNCHEN UND KÜRBIS

1. Den Backofen auf 220 °C vorheizen. Ein Backblech mit Backpapier auslegen. Den Kürbis putzen, waschen, vierteln und die Kerne mit einem Löffel entfernen. Die Kürbisviertel in dünne Spalten schneiden. Den Fenchel putzen, waschen und halbieren, den harten Strunk entfernen. Die Fenchelhälften in dünne Scheiben schneiden und mit dem Kürbis in eine Schüssel geben.

2. Die Hähnchenbrustfilets waschen, trocken tupfen und in einer Pfanne in 1 EL Olivenöl bei starker Hitze von allen Seiten anbraten. Zum Gemüse in die Schüssel geben.

3. Das restliche Olivenöl mit dem Thymian und dem Honig verrühren und mit den Zutaten in der Schüssel mischen. Die Mischung auf dem Blech verteilen und im Ofen auf der mittleren Schiene 15 Minuten garen.

4. Inzwischen 300 ml Wasser im Wasserkocher aufkochen. Bulgur und Tomatenstücke in einem Topf mit dem kochend heißen Wasser übergießen und auf dem Herd mit geschlossenem Deckel bei schwacher Hitze 10 Minuten köcheln lassen.

5. Die Hähnchen-Gemüse-Mischung aus dem Ofen nehmen. Das Hähnchenfleisch in Streifen schneiden und mit Salz und Pfeffer würzen. Das Gemüse mit dem Essig vermischen und ebenfalls mit Salz und Pfeffer würzen. Jeweils Fleisch, Gemüse und Tomatenbulgur auf Tellern anrichten.

ZUTATEN

FÜR 4 PERSONEN
500 g Hokkaidokürbis
1 Fenchelknolle
3 Hähnchenbrustfilets (450 g)
6 EL Olivenöl
3 TL getrockneter Thymian
3 EL flüssiger Honig
200 g Bulgur
400 g stückige Tomaten mit Kräutern (aus der Dose)
Salz · Pfeffer aus der Mühle
1 EL Weißweinessig

 Schnippel- und Rührzeit: 15 Min.
Backzeit: 15 Min.
Auf dem Tisch in: 30 Min.

TIPP:
Wer nur ungewürzte stückige Tomaten aus der Dose zur Hand hat, kann die Sauce mit Basilikum und Oregano würzen.

ZITRONENHÄHNCHEN AUS DEM OFEN

1 Den Backofen auf 250 °C vorheizen. Ein tiefes Backblech mit Backpapier auslegen. Die Brokkoliröschen in einer ofenfesten Schale im Ofen auftauen lassen.

2 Inzwischen die Hähnchenflügel waschen und trocken tupfen. Die Zitronen heiß waschen und trocken reiben, die Schale fein abreiben. 1 Zitrone halbieren und auspressen. Zitronenschale und -saft mit dem Rosmarin verrühren und die Hähnchenflügel mit der Mischung einreiben.

3 Vom Brokkoli eventuell entstandene Auftauflüssigkeit abgießen. Den Brokkoli auf dem Blech verteilen und die marinierten Hähnchenflügel darauflegen.

4 Die Kartoffeln gründlich waschen und jeweils längs achteln. Die ungeschälten Knoblauchzehen mit dem Messerrücken eindrücken und mit den Kartoffelspalten sowie dem Olivenöl in einer Schüssel mischen. Die Kartoffeln rund um die Hähnchenflügel verteilen und alles im Ofen auf der mittleren Schiene 15 Minuten backen. Mit Salz und Pfeffer würzen und auf Tellern anrichten.

Tipp:

Der ungeschälte Knoblauch ist am Ende außen knusprig und innen zart. Natürlich kann man auch die Schale entfernen. Ein Biss in die butterweiche Knolle lohnt sich, auch wenn es den ein oder anderen Überwindung kostet. Knoblauch schützt nämlich vor Erkältungen und Entzündungen, zum Beispiel im Mund. Eins, zwei, drei: Mutprobe!

ZUTATEN

FÜR 4 PERSONEN
400 g Brokkoliröschen (TK)
8–10 Hähnchenflügel
(200–300 g)
2 Bio-Zitronen
2 TL getrockneter Rosmarin
800 g festkochende
Frühkartoffeln
6 Knoblauchzehen
1 EL Olivenöl
Salz · Pfeffer aus der Mühle

Schnippel- und
Rührzeit: 15 Min.
Backzeit: 15 Min.
Auf dem Tisch in: 30 Min.

Küchen-Extras:
ofenfeste Schale
Zestenreibe
Zitruspresse

+ TIPP

FÜR NOCH MEHR
ESSSPASS: HOTDOGS
ERST AM TISCH
SELBST ZUSAMMEN-
BAUEN!

HOTDOG MIT BREZELKNUSPER

1 Die Würstchen in einem Topf mit Wasser 5 Minuten erhitzen, (nicht kochen). Inzwischen die Cornichons abtropfen lassen und in dünne Scheiben schneiden. Die Paprikaschote längs halbieren, entkernen, waschen und in feine Würfel schneiden. Die Tomaten waschen, vierteln und entkernen, dabei die Stielansätze entfernen. Den Oregano waschen und trocken schütteln, die Blättchen abzupfen.

2 Die Soft-Tomaten mit Tomatenvierteln, Oregano, Essig und Zucker in einem hohen Rührbecher mit dem Stabmixer zu feinem Ketchup pürieren. Die Mini-Brezeln mit den Händen grob zerdrücken.

3 Die Laugenstangen längs waagerecht halbieren, aber nicht ganz durchschneiden, und aufklappen. Jeweils eine Hälfte auf der Schnittfläche mit etwas Senf, die andere Hälfte mit Ketchup bestreichen. Die Paprikawürfel auf den Unterhälften der Laugenstangen verteilen und jeweils 1 Würstchen darauflegen. Links und rechts von den Würstchen die Gurkenscheiben platzieren und alles mit Brezelstücken bestreuen. Die Oberhälften über die Füllung klappen und die Hotdogs sofort servieren.

Tipp:

Vom Ketchup bleibt etwas übrig, da fürs Pürieren mit dem Stabmixer eine Mindestmenge an Zutaten nötig ist. Doch gut abgedeckt oder in einem Twist-off-Glas im Kühlschrank aufbewahrt, hält er sich bis zu sieben Tage. Er passt zum Beispiel zu Gemüsepommes (siehe S. 78) oder Chickennuggets (siehe S. 56).

ZUTATEN

FÜR 4 PERSONEN
4 Puten-Wiener-Würstchen
(ersatzweise andere Wiener
Würstchen)
4 Cornichons
1 Spitzpaprikaschote
2 Tomaten
1 Zweig Oregano
50 g Soft-Tomaten
(weiche getrocknete Tomaten)
1 EL Weißweinessig
1 EL Rohrohrzucker
1 kleine Handvoll Mini-Brezeln
4 Laugenstangen
(ersatzweise längliche Brötchen, z.B. Kornspitz)
2—3 TL mittelscharfer Senf

Schnippel- und
Rührzeit: 15 Min.
Auf dem Tisch in: 15 Min.

Küchen-Extras:
Stabmixer

Fixe gemacht

AFRIKANISCHE ERDNUSSSUPPE

1 Die Zwiebel schälen, halbieren und in feine Halbringe schneiden. Den Weißkohl waschen und auf dem Gemüsehobel in feine Streifen schneiden. Die Hirse in einem Sieb abbrausen und abtropfen lassen.

2 Das Öl in einem Topf erhitzen und die Zwiebel darin bei mittlerer Hitze 1 Minute anbraten. Die Kohlstreifen dazugeben und 1 Minute weiterbraten. Zimt, Kreuzkümmel und Chilipulver hinzufügen. Die Brühe angießen und die Linsen unterrühren. Die Mischung mit geschlossenem Deckel bei schwacher Hitze 5 Minuten köcheln lassen.

3 Inzwischen die Erdnüsse im Blitzhacker fein hacken. 50 g Erdnüsse mit den Tomaten zur Suppe geben und einmal aufkochen lassen. Die Hirse unterrühren und bei ausgeschalteter Herdplatte 10 Minuten quellen lassen.

4 Inzwischen die Zitrone halbieren. Den Saft auspressen und unter die Erdnusssuppe rühren. Die Suppe mit den restlichen Erdnüssen bestreut servieren.

ZUTATEN

FÜR 4 PERSONEN
1 rote Zwiebel
100 g Weißkohl
100 g Hirse
3 TL Rapsöl
3 TL Zimtpulver
2 ½ TL gemahlener Kreuzkümmel
1–2 Msp. Chilipulver
½ l Gemüsebrühe
100 g rote Linsen
75 g geröstete, gesalzene Erdnusskerne
2 Dosen stückige Tomaten (à 400 g)
1 kleine Zitrone

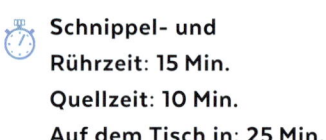 Schnippel- und Rührzeit: 15 Min.
Quellzeit: 10 Min.
Auf dem Tisch in: 25 Min.

 Küchen-Extras:
Gemüsehobel
Blitzhacker
Zitruspresse

VEGGIE

SCHNELLE ASIA-NUDELSUPPE

1 Im Wasserkocher 750 ml Wasser aufkochen. Den Knoblauch schälen, fein hacken und mit der Sojasauce sowie dem Ingwerpulver in einen Topf geben. Mit dem kochenden Wasser übergießen und alles auf dem Herd aufkochen lassen. Das Asiagemüse sowie die Nudeln unterrühren und die Mischung mit geschlossenem Deckel bei schwacher Hitze 10 Minuten köcheln lassen.

2 Inzwischen die Frühlingszwiebeln putzen, waschen und in feine Ringe schneiden. Die Zitrone halbieren und den Saft auspressen. Den Koriander waschen und trocken schütteln, die Blättchen abzupfen und fein hacken.

3 Frühlingszwiebeln, Zitronensaft und Sesamöl unter die Suppe rühren und diese mit Koriander bestreut servieren.

Tipp:

Wer keinen Koriander mag, lässt ihn einfach weg. Für die Suppe kann auch gewürztes Asiagemüse verwendet werden – dann jedoch auf Sojasauce, Ingwer und Sesamöl verzichten.

ZUTATEN

FÜR 4 PERSONEN
1 Knoblauchzehe
3 EL Sojasauce
1 TL Ingwerpulver
400 g ungewürztes Asia-gemüse (TK)
200 g Asianudeln
(z.B. Udon, Ramen)
2 Frühlingszwiebeln
1 Zitrone
4 Stiele Koriandergrün
1 EL geröstetes Sesamöl
(aus dem Asialaden)

 Schnippel- und Rührzeit: 15 Min.
Auf dem Tisch in: 20 Min.

 Küchen-Extras:
Zitruspresse

VEGGIE

KAPITEL 2

BIS MIN. 20 SCHNIPPEL ZEIT

Hier merkt nun wirklich keiner mehr, dass das Essen unter Zeitdruck zwischen Büro und Fußball-Fahrdienst gekocht wurde! Denn mit nur ein paar Minuten mehr Zeit und einem gut gefüllten Vorratsschrank entstehen sättigende Salate, prall gefüllte Wraps, raffinierte Pfannengerichte oder auch beliebte Kinder-Klassiker wie Chicken-nuggets und Fischstäbchen.

FAST & FRESH

VEGGIE

(ABEND-)BROT AM SPIESS

1 Zwei Brotscheiben mit dem Frischkäse bestreichen, die beiden anderen mit dem Ajvar. Je 1 Scheibe Frischkäsebrot und 1 Scheibe Ajvarbrot mit den bestrichenen Seiten aufeinanderlegen. Die Brote in 1 bis 2 cm große Würfel schneiden.

2 Die Veggie-Würstchen in 2 cm lange Stücke schneiden. Das Öl in einer beschichteten Pfanne erhitzen und die Würstchenstücke darin bei mittlerer Hitze 5 Minuten rundum anbraten.

3 Die Cocktailtomaten waschen und trocken tupfen. Die Radieschen putzen, waschen und trocken tupfen, große Radieschen halbieren. Die Mini-Maiskolben quer halbieren.

4 Auf jeden Spieß abwechselnd einige Brotwürfel, Würstchenstücke, Tomaten, Radieschen und Mini-Maiskolben stecken.

Tipp:

Passt auch gut zu einem Picknick oder als Schulbrot. Die Spieße dafür auf die Größe der Brotdose zurechtschneiden. Falls nach dem Aufspießen Zutaten übrig sind, diese in einer Schüssel zu einem Salat vermischen und mit einer Gabel servieren.

ZUTATEN

FÜR 8 SPIESSE
4 Scheiben Vollkorn-
Kastenbrot
100 g Frischkäse
2 EL Ajvar (Paprikapaste;
aus dem Glas)
200 g Mini-Veggie-Würste
(z.B. Seitan)
1 TL Öl
8 Cocktailtomaten
8 kleine oder 4 große
Radieschen
8 Mini-Maiskolben
(aus der Dose)

⏱ Schnippel- und
Rührzeit: 20 Min.
Auf dem Tisch in: 20 Min.

🧤 Küchen-Extras:
8 Holzspieße
(Schaschlikspieße)

WRAPS MIT GEMÜSEMIX UND JOGHURTSAUCE

1   Den Joghurt mit dem Ajvar zu einer Sauce verrühren. Die Kichererbsen in einem Sieb kalt abbrausen und abtropfen lassen. In einer Schüssel mit dem Honig und der Petersilie vermischen, mit Salz und Pfeffer würzen.

2   Den Rotkohl waschen und auf dem Gemüsehobel in feine Streifen schneiden. Die Soft-Tomaten in kleine Würfel schneiden, die Paprika in feine Streifen. Die Salatblätter waschen, trocken schleudern und ebenfalls in feine Streifen schneiden.

3   Die Wraps nacheinander in einer Pfanne ohne Fett kurz erwärmen. Jeweils mit etwas Joghurtsauce bestreichen und mit Salat, Kohl, Kichererbsen, Tomaten und Paprika belegen, dabei rundum einen kleinen Rand frei lassen.

4   Die obere und untere Seite etwa 5 cm nach innen über der Füllung einschlagen, dann den Wrap von links nach rechts fest einrollen. Die Wraps schräg halbieren und sofort servieren.

Tipp:

Alles separat auf den Tisch stellen, denn selbst gewickelt schmeckt's am besten!

ZUTATEN

FÜR 4 PERSONEN
FOODFOTO: SIEHE S. 38
6 EL Naturjoghurt
3 EL Ajvar (Paprikapaste; aus dem Glas)
1 Dose Kichererbsen (240 g Abtropfgewicht)
2 EL Honig
3 EL Petersilie (TK)
Salz · Pfeffer aus der Mühle
200 g Rotkohl
50 g Soft-Tomaten (weiche getrocknete Tomaten)
100 g gegrillte Paprikaschote (z.B. aus dem Glas)
6 große Salatblätter (z.B. Kopfsalat)
6 Tortilla-Wraps (à 30 cm Ø)

Schnippel- und Rührzeit: 20 Min.
Auf dem Tisch in: 20 Min.

Küchen-Extras: Gemüsehobel

ITALIENISCHER BROTSALAT

1 Das Brot und den Halloumi-Käse jeweils in 1 cm große Würfel schneiden. Die Zucchini putzen, waschen und ebenfalls in etwa 1 cm große Würfel schneiden. Die Cocktailtomaten waschen, trocken tupfen und halbieren.

2 Eine beschichtete Pfanne ohne Fett erhitzen und die Brotwürfel darin bei mittlerer Hitze 8 Minuten unter gelegentlichem Wenden kross braten. Währenddessen für das Dressing das Pesto und den Essig in einer großen Schüssel verrühren. Die Brotwürfel aus der Pfanne nehmen und auf einem Teller beiseitestellen.

3 Das Öl in die Pfanne geben und die Käsewürfel darin unter Wenden 3 Minuten braten. Die Zucchiniwürfel hinzufügen und die Mischung 5 Minuten weiterbraten.

4 Die gerösteten Brotwürfel, die Halloumi-Zucchini-Mischung und die Cocktailtomaten gründlich mit dem Dressing in der Schüssel vermischen. Den Brotsalat sofort servieren.

ZUTATEN

FÜR 4 PERSONEN
300 g Brot (2–3 Tage alt, z.B. Roggenbrot)
250 g Halloumi-Käse
2 Zucchini (ca. 500 g)
250 g Cocktailtomaten
3 EL Pesto (aus dem Glas)
4 EL Apfelessig
1 EL Öl

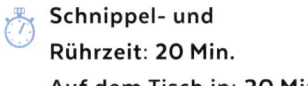 Schnippel- und Rührzeit: 20 Min.
Auf dem Tisch in: 20 Min.

VEGGIE

BROKKOLI-REIS-ONE-POT MIT SESAMTOFU

1 Den Reisessig mit der Hälfte der Sojasauce, dem Zucker, dem Ingwer und ½ TL Salz in einem Topf verrühren. Den Basmatireis mit 400 ml Wasser untermischen. Die Reismischung bei starker Hitze zum Kochen bringen.

2 Inzwischen die Paprikaschoten längs halbieren, entkernen, waschen, trocken tupfen und in feine Würfel schneiden. Die Paprikawürfel auf dem Reis verteilen, den Brokkoli darauflegen. Die Frühlingszwiebeln putzen, waschen, schräg in feine Ringe schneiden und ebenfalls in den Topf geben. Alles einmal aufkochen und anschließend mit geschlossenem Deckel bei mittlerer Hitze 15 Minuten kochen lassen.

3 Währenddessen den Tofu quer in 12 etwa 1 cm dicke Streifen schneiden. Die Tofustreifen mit Küchenpapier trocken tupfen. Das Öl in einer Pfanne erhitzen. Die restliche Sojasauce in einen tiefen Teller geben, die Sesamsamen auf einen zweiten Teller. Die Tofustreifen nacheinander erst in der Sojasauce, dann im Sesam wenden und in der Pfanne bei mittlerer Hitze auf jeder Seite 3 bis 4 Minuten braten. Die Tofustreifen zum Brokkoli-Reis-One-Pot servieren.

Tipp:

Wer etwas mehr Zeit hat, kann das Gericht auch mit frischem Brokkoli und Ingwer zubereiten. Dafür den Brokkoli putzen, waschen und in Röschen teilen. Den Ingwer schälen und sehr fein hacken. Nach Belieben können Sie auch Möhrenscheiben, Zuckerschoten oder Champignonhälften hinzufügen.

ZUTATEN

FÜR 4 PERSONEN
50 ml Reisessig
(aus dem Asialaden)
50 ml Sojasauce
2 EL Zucker
1 TL Ingwerpulver
(ersatzweise 1 haselnussgroßes
Stück Ingwer, gehackt)
Salz
200 g Basmatireis
2 rote Paprikaschoten
250 g Brokkoliröschen (TK)
2 Frühlingszwiebeln
100 g Tofu (Natur)
1 EL Rapsöl
3 EL Sesamsamen

 Schnippel- und
Rührzeit: 20 Min.
Auf dem Tisch in: 20 Min.

VEGGIE

+ TIPP

WER ES WÜRZIGER MAG,
NIMMT GERÄUCHERTEN
ODER GEWÜRZTEN TOFU.

TOMATENRISOTTO

1 Die Zwiebel und den Knoblauch schälen und fein hacken. Das Olivenöl in einem Topf erhitzen und Zwiebel sowie Knoblauch darin anbraten. Den Reis hinzufügen und bei mittlerer Hitze 1 bis 2 Minuten unter Rühren mitbraten.

2 Mit etwa einem Viertel der Gemüsebrühe ablöschen und offen bei mittlerer Hitze etwa 20 Minuten köcheln lassen. Währenddessen gelegentlich umrühren und nach und nach die restliche Gemüsebrühe unter den Reis rühren, immer dann, wenn die Brühe nahezu verkocht ist.

3 Während der Reis gart, die Cocktailtomaten waschen und vierteln, die getrockneten Tomaten in feine Würfel schneiden. Den Parmesan fein reiben. Das Basilikum waschen und trocken schütteln, die Blättchen abzupfen und in Streifen schneiden.

4 Cocktailtomaten, getrocknete Tomaten und Parmesan unter den gegarten Reis rühren. Den Risotto nochmals kurz ziehen lassen und umrühren, bis der Parmesan geschmolzen ist. Mit Basilikum bestreut servieren.

ZUTATEN

FÜR 4 PERSONEN
1 rote Zwiebel
1–2 Knoblauchzehen
1 EL Olivenöl
175 g Risottoreis (z.B. Arborio)
½ l Gemüsebrühe
350 g Cocktailtomaten
100 g getrocknete Tomaten
120 g Parmesan
15 g Basilikum

 Schnippel- und Rührzeit: 20 Min.
Auf dem Tisch in: 20 Min.

 Küchen-Extras:
Parmesan- oder Küchenreibe

VEGGIE

MILCHREIS MIT ÄPFELN UND WALNÜSSEN

1 Die Aprikosen in feine Würfel schneiden. Mit Milchreis, Milch und Vanille in einem großen Topf aufkochen und dann mit geschlossenem Deckel bei schwacher Hitze 20 Minuten köcheln lassen, währenddessen gelegentlich umrühren.

2 Inzwischen die Äpfel schälen, vierteln und jeweils vom Kerngehäuse befreien. Die Apfelviertel längs halbieren.

3 Eine Pfanne ohne Fett erhitzen und die Walnüsse darin rösten, bis sie aromatisch duften. Walnüsse aus der Pfanne nehmen, grob hacken und auf einem Teller beiseitestellen. Die Apfelspalten mit 50 ml Wasser in der Pfanne bei mittlerer Hitze etwa 5 Minuten dünsten.

4 Den Quark unter den gegarten Milchreis rühren und diesen mit Apfelspalten und gerösteten Walnüssen in Schalen anrichten.

ZUTATEN

FÜR 4 PERSONEN
60 g Soft-Aprikosen
(weiche getrocknete Aprikosen)
250 g Milchreis
700 ml Milch
1 Msp. gemahlene Vanille
400 g Äpfel
50 g Walnusskerne
2 EL Speisequark (20 % Fett)

 Schnippel- und Rührzeit: 20 Min.
Auf dem Tisch in: 30 Min.

ich ♡ es

TIPP:
Trockenfrüchte sind eine gesunde Alternative zu Zucker: Neben Süße liefern sie auch Ballaststoffe, Vitamine und Mineralstoffe.

VEGGIE

HERZHAFTE WAFFELN MIT RADIESCHENQUARK

1 Für die Waffeln die Butter mit Joghurt, Feta und Mehl in eine große Schüssel geben. Die Eier in die Schüssel aufschlagen und die Zutaten mit den Quirlen des Handrührgeräts zu einem glatten Teig verrühren. Den Teig 5 Minuten quellen lassen. Inzwischen die Frühlingszwiebeln putzen, waschen und in feine Ringe schneiden. Die Ringe des oberen Grüns für den Quark beiseitelegen, die weißen Zwiebelringe unter den Teig mischen und diesen mit Pfeffer würzen.

2 Für den Quark den Apfel waschen und das Fruchtfleisch auf der Gemüsereibe bis auf das Kerngehäuse grob in eine Schüssel raspeln. Die Radieschen putzen, waschen und ebenfalls grob in die Schüssel reiben. Joghurt, Quark, etwas Salz sowie ¼ TL Pfeffer dazugeben und alles gut verrühren. Das beiseitegelegte Frühlingszwiebelgrün unterheben.

3 Das Waffeleisen vorheizen und die Backflächen bei Bedarf leicht mit Öl einfetten. Den Teig nochmals durchrühren. Nacheinander etwa 4 Waffeln backen (siehe Tipp). Dafür je ein Viertel des Teigs auf die untere Backfläche geben und das Waffeleisen schließen. Die Waffel etwa 4 Minuten goldbraun backen. Fertige Waffeln auf einem Teller stapeln. Den Quark dazu servieren.

Tipp:

Waffeleisen für belgische Waffeln haben eine Backfläche mit sehr großen Vertiefungen. Wer nur ein Eisen für herzförmige Waffeln mit kleineren Vertiefungen hat, kann den Teig auch darin backen. Das ergibt dann mehr dünnere Waffeln und dauert deshalb natürlich etwas länger. Übrig gebliebene Waffeln schmecken auch später wieder wie frisch, wenn Sie sie vor dem Verzehr kurz im Toaster erwärmen.

ZUTATEN

FÜR 4 PERSONEN

FÜR DIE WAFFELN:
150 g weiche Butter
150 g Naturjoghurt
150 g Feta (Schafkäse)
250 g Weizenvollkornmehl
3 Eier
1 Bund Frühlingszwiebeln
Pfeffer aus der Mühle
evtl. Öl für das Waffeleisen

FÜR DEN QUARK:
1 Apfel (ca. 150 g)
1 kleines Bund Radieschen (100 g; möglichst große)
100 g Naturjoghurt
100 g Magerquark
Salz · Pfeffer aus der Mühle

Schnippel- und Rührzeit: 20 Min.
Backzeit: 10 Min.
Auf dem Tisch in: 30 Min.

Küchen-Extras:
Handrührgerät mit Quirlen
Gemüsereibe
belgisches Waffeleisen

ROMANESCO-
SAUCE

GRÜN, GRÜN, GRÜN SIND ALLE
MEINE NUDELN ...

CURRY-
WURST-
SAUCE

DER ABSOLUTE
KINDERLIEBLING

MÖHREN-ORANGEN-SAUCE

HERRLICH GESUND,
QUIETSCHORANGE
UND LECKER

PETERSILIEN-PESTO

EIN KLASSIKER AUF ABWEGEN:
STATT BASILIKUM GIBT BEIM
PESTO PETERSILIE DEN TON AN.

ROMANESCOSAUCE

1 Im Wasserkocher ½ l Wasser zum Kochen bringen. Den Romanesco putzen, waschen und in Röschen teilen. Die Röschen in einem Topf mit dem kochend heißen Wasser übergießen, mit Salz würzen, aufkochen und 5 Minuten bissfest garen. In ein Sieb abgießen und abtropfen lassen.

2 Frischkäse, Orangensaft, Pfeffer und die Hälfte des Romanescos in einem hohen Rührbecher mit dem Stabmixer pürieren. Die restlichen Romanescoröschen beiseitelegen.

3 Die Sauce mit gegarten Nudeln nach Wahl (z.B. Vollkorn-Spaghetti) mischen und mit den Romanescoröschen bestreuen.

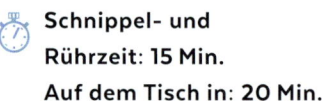

ZUTATEN

FÜR 4 PERSONEN
1 Romanesco (ca. 400 g)
Salz
175 g Frischkäse
150 ml Orangensaft
Pfeffer aus der Mühle

🕐 Schnippel- und
Rührzeit: 15 Min.
Auf dem Tisch in: 20 Min.

🧤 Küchen-Extras:
Stabmixer

CURRYWURSTSAUCE

1 Die Zwiebel schälen und in Würfel schneiden. Äpfel schälen, vierteln und entkernen. Die Apfelviertel ebenfalls in Würfel schneiden. Zwiebel- und Apfelwürfel mit Tomaten, Essig, Zucker, Curry- und Paprikapulver in einem Topf aufkochen und etwa 15 Minuten köcheln lassen, dabei gelegentlich umrühren.

2 Die Bratwurst in fingerdicke Scheiben schneiden. Das Öl in einer Pfanne erhitzen und die Bratwurstscheiben darin bei mittlerer Hitze etwa 5 Minuten rundum braten.

3 Die Tomatenmischung mit dem Stabmixer fein pürieren, die Bratwurstscheiben unter die Sauce mischen. Die Currywurstsauce mit gegarten Nudeln nach Wahl (z.B. Vollkorn-Spaghetti) servieren.

ZUTATEN

FÜR 4 PERSONEN
1 große Zwiebel · 2 Äpfel
1 Dose stückige Tomaten (400 g)
4 EL Apfelessig · 1 EL Zucker
2 EL mildes Currypulver
1 EL edelsüßes Paprikapulver
200 g Bratwurst · 1 EL Öl

🕐 Schnippel- und
Rührzeit: 20 Min.
Auf dem Tisch in: 30 Min.

🧤 Küchen-Extras:
Stabmixer

MÖHREN-ORANGEN-SAUCE

1 Die Möhren putzen, schälen und auf der Gemüsereibe grob raspeln. Die Zwiebel schälen und in grobe Würfel schneiden.

2 Möhren mit Zwiebel, Orangensaft, Butter und 1 TL Salz in einem Topf erhitzen und mit geschlossenem Deckel bei schwacher bis mittlerer Hitze 10 Minuten weich köcheln.

3 Die Möhrenmischung im Topf mit dem Stabmixer fein pürieren und mit Pfeffer abschmecken. Die Möhrensauce mit gegarten Nudeln nach Wahl (z.B. Pipe Rigate) vermischen und mit Pecorino und Petersilie bestreut servieren.

ZUTATEN

FÜR 4 PERSONEN
350 g Möhren · 1 Zwiebel
400 ml Orangensaft
1 TL Butter · Salz
Pfeffer aus der Mühle
60 g geriebener Pecorino
10 g Petersilie (TK)

 Schnippel- und Rührzeit: 10 Min.
Auf dem Tisch in: 20 Min.

Küchen-Extras:
Gemüsereibe, Stabmixer

PETERSILIENPESTO

1 Die Zuckerschoten putzen, waschen und in einem Topf in kochendem Salzwasser 2 Minuten blanchieren. In ein Sieb abgießen und kurz abtropfen lassen.

2 Die Petersilie waschen und trocken schütteln. Die Petersilienblätter abzupfen und mit Walnüssen, Parmesan und Olivenöl im Blitzhacker zu Pesto verarbeiten. Das Pesto mit Salz und Pfeffer abschmecken.

3 Das Pesto mit den Zuckerschoten und gegarten Nudeln nach Wahl (z.B. Vollkorn-Penne) servieren.

ZUTATEN

FÜR 4 PERSONEN
250 g Zuckerschoten · Salz
75 g Petersilie
50 g Walnusskerne
60 g geriebener Parmesan
100 ml Olivenöl
Pfeffer aus der Mühle

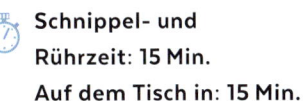 Schnippel- und Rührzeit: 15 Min.
Auf dem Tisch in: 15 Min.

Küchen-Extras:
Blitzhacker

DIY-FISCHSTÄBCHEN MIT ROTE-BETE-APFEL-SALAT

1 Die Zitronenhälfte heiß waschen, trocken reiben und die Schale fein abreiben. Das Ei in einem tiefen Teller mit der Zitronenschale und etwas Pfeffer mit einer Gabel verquirlen. Das Mehl und das Paniermehl jeweils auf einen Teller geben.

2 Ein Stück Backpapier in Größe des Bodens einer großen Pfanne zuschneiden. Die Kabeljaufilets waschen, trocken tupfen und in Form von Fischstäbchen zu Rechtecken (à etwa 10 × 3 cm) zuschneiden – dabei am Fischfilet orientieren, damit keine Reststücke übrig bleiben.

3 Die Pfanne auf mittlerer Hitze vorheizen. Die Fischstücke erst in Mehl, dann in der Eiermischung und zum Schluss im Paniermehl wenden. Das Backpapier in die Pfanne legen und das Öl daraufgeben, die Fischstücke je nach Pfannengröße portionsweise bei schwacher Hitze 10 bis 12 Minuten rundum knusprig und goldbraun braten. Fischstäbchen auf Küchenpapier entfetten.

4 Während die Fischstücke braten, parallel für den Salat die Zwiebel schälen und in feine Würfel schneiden. Den Apfel waschen, vierteln und vom Kerngehäuse befreien. Die Apfelviertel in 1 cm große Würfel schneiden. Die Roten Beten ebenfalls in 1 cm große Würfel schneiden. Die Petersilie waschen und trocken schütteln, die Blättchen abzupfen und fein hacken.

5 Zwiebel mit Apfel, Roten Beten, Petersilie und Joghurt in einer Schüssel vermischen. Den Salat mit Salz und Pfeffer abschmecken und zu den Fischstäbchen servieren.

Tipp:

Natürlich geht's auch ohne Backpapier in der Pfanne. Am besten nehmen Sie dann eine gut beschichtete Pfanne und etwas mehr Öl. Dann werden die Fischstäbchen insgesamt etwas fettiger. Allgemein gilt: Je besser beschichtet Ihre Pfanne ist, desto weniger Öl benötigen Sie.

ZUTATEN

FÜR 4 PERSONEN

FÜR DIE FISCHSTÄBCHEN:
½ Bio-Zitrone
1 Ei
Pfeffer aus der Mühle
2 EL Mehl
6 EL Paniermehl
400 g Kabeljaufilet
1 EL Öl

FÜR DEN SALAT:
1 rote Zwiebel
1 Apfel
300 g Rote Beten (vorgegart und vakuumiert)
3 Stiele glatte Petersilie
100 g Naturjoghurt (3,8 % Fett)
Salz · Pfeffer aus der Mühle

 Schnippel- und Rührzeit: 20 Min.
Auf dem Tisch in: 20 Min.

 Küchen-Extras:
Zestenreibe

KINDER-
LIEBLING

CHICKENNUGGETS MIT ZUCCHINIPÄCKCHEN

1 Den Backofen auf 220 °C Umluft vorheizen. Die Zucchini putzen, waschen, trocken tupfen und in pommesgroße Stifte schneiden. In einer Schüssel mit 100 g Pesto vermischen und anschließend in zwei Stücke Backpapier wickeln: Dazu zwei quadratische Bögen Backpapier auf der Arbeitsfläche auslegen und jeweils die Hälfte der Zucchini in die Mitte geben. Die Ecken des Papiers über den Zucchinistiften in der Mitte zusammenfassen, zudrehen, mit einem Stück Küchengarn zuknoten und auf die untere Schiene im Ofen auf den Gitterrost setzen.

2 Das Ei in einen tiefen Teller aufschlagen, mit Salz und Pfeffer würzen und mit einer Gabel verquirlen. Das Mehl auf einen flachen Teller geben. Das Knäckebrot in kleine Stücke brechen, in einen Gefrierbeutel füllen und mit dem Nudelholz oder dem Fleischklopfer zu feinen Bröseln verarbeiten. Die Brösel auf einen flachen Teller geben.

3 Ein Backblech mit Backpapier auslegen. Das Hähnchenfilet waschen, trocken tupfen und in Stücke schneiden. Die Hähnchenstücke erst in Mehl, dann in Ei und zum Schluss in den Knäckebrotbröseln wenden. Auf das Blech legen. In den Ofen auf die mittlere Schiene schieben und mit den Zucchinipäckchen 15 Minuten backen.

4 Den Quark mit dem restlichen Pesto cremig rühren und mit Salz, Pfeffer sowie 1 Prise Zucker abschmecken. Chickennuggets und Zucchinipäckchen aus dem Ofen nehmen, die Päckchen öffnen. Nuggets und Zucchini mit dem Quarkdip servieren.

ZUTATEN

FÜR 4 PERSONEN
2 Zucchini (ca. 500 g)
ca. 140 g rotes Pesto
(aus dem Glas)
1 Ei
Salz · Pfeffer aus der Mühle
1 EL Mehl
75 g Roggen-Vollkornknäcke-
brot (z. B. Finn Crisp)
250 g Hähnchenbrustfilet
4 EL Quark (20 % Fett)
Zucker

Schnippel- und
Rührzeit: 20 Min.
Backzeit: 15 Min.
Auf dem Tisch in: 30 Min.

Küchen-Extras:
Küchengarn
Gefrierbeutel
Nudelholz oder
Fleischklopfer

HACKBÄLLCHEN MIT GRÜNEM COUSCOUS

1 Die Zitrone heiß waschen und trocken reiben, die Schale fein abreiben und den Saft auspressen. Die Feigen in feine Würfel schneiden und mit dem Hackfleisch, der Hälfte der Zitronenschale, dem Garam Masala, dem Paniermehl sowie etwas Salz und Pfeffer in einer Schüssel gründlich vermischen. Aus der Hackfleischmasse mit leicht befeuchteten Händen etwa tischtennisballgroße Bällchen formen.

2 Ein Stück Backpapier in Größe des Bodens einer Pfanne zuschneiden. Die Pfanne erhitzen und das Backpapier hineinlegen. Die Bällchen auf das Backpapier setzen und bei mittlerer Hitze 15 Minuten braun braten, dabei zwischendurch wenden.

3 Inzwischen für den Couscous 350 ml Wasser im Wasserkocher aufkochen. Den Spinat in einem Topf mit dem kochenden Wasser übergießen. Zitronensaft, restliche Zitronenschale und den Couscous hinzufügen. Mit Salz würzen, mit geschlossenem Deckel einmal aufkochen und dann bei schwacher Hitze 10 Minuten quellen lassen.

4 Den Knoblauch schälen, fein hacken und mit dem Joghurt verrühren. Die Sauce mit Salz und Pfeffer abschmecken. Die Minze waschen und trocken schütteln, die Blättchen abzupfen und mit der Petersilie unter den Couscous heben. Den Couscous mit den Hackbällchen und der Knoblauchsauce auf Tellern anrichten.

ZUTATEN

FÜR 4 PERSONEN
1 Bio-Zitrone
50 g getrocknete Feigen
300 g gemischtes Hackfleisch
1 TL Garam Masala
25 g Paniermehl
Salz · Pfeffer aus der Mühle
400 g Blattspinat (TK)
150 g Couscous
1 Knoblauchzehe
5 EL Naturjoghurt
1–2 Stiele Minze
2 EL Petersilie (TK)

 Schnippel- und Rührzeit: 20 Min.
Auf dem Tisch in: 25 Min.

 Küchen-Extras:
Zestenreibe
Zitruspresse

TIPP:
Sollten einmal Hackbällchen übrig bleiben, schmecken diese am nächsten Tag mit einer Scheibe Brot kalt als Pausensnack.

+ TIPP

DIE GEWÜRZMISCHUNG
GARAM MASALA FINDEN
SIE PROBLEMLOS IM
BIO- ODER ASIALADEN.

GANZ EASY

KAPITEL 3

BIS MIN. 30 SCHNIPPEL ZEIT

Selbst gemachte Gnocchi, exotische Samosas oder ein raffiniert belegter Burger — hier wird fündig, wer seine Familie auch ohne extra Urlaubstag einmal mit einem außergewöhnlichen Gericht überraschen möchte. Schwer zu glauben, dass Sie für diese Highlights kaum mehr als 30 Minuten schnippeln und rühren müssen!

FAST & FRESH

+ TIPP

KLEINE (UND GROSSE)
BOHNENMUFFEL
NEHMEN EINFACH
ANDERES GEMÜSE.

VEGGIE

KRÄUTERGNOCCHI
MIT ZITRONEN-BOHNEN

1 Die Bohnen in einem großen Topf in Salzwasser aufkochen und mit geschlossenem Deckel 10 Minuten köcheln lassen.

2 Inzwischen reichlich Wasser im Wasserkocher aufkochen. Ricotta, Kräuter, Eigelbe, 60 g geriebenen Parmesan und Mehl in einer großen Schüssel zügig mit einem Holzkochlöffel zu einem klebrigen, weichen Teig verrühren. Das Wasser aus dem Wasserkocher in einen großen Topf füllen, salzen und auf dem Herd zum Sieden bringen.

3 Den Teig in 6 Portionen teilen. Jede Portion auf der bemehlten Arbeitsfläche zu einer fingerdicken Rolle formen und diese mit dem Messer in 3 cm große Stücke schneiden. Die Stücke in zwei Portionen in das siedende Wasser geben und offen knapp unter dem Siedepunkt etwa 3 Minuten ziehen lassen, bis sie an der Oberfläche schwimmen. Dann jeweils mit dem Schaumlöffel herausheben, kurz abtropfen lassen und auf Teller verteilen.

4 Noch während die Gnocchi ziehen, die Bohnen in ein Sieb abgießen und abtropfen lassen. Die Butter im noch heißen Topf zerlassen und die Bohnen untermischen. Mit Salz, Pfeffer und der Zitronenschale würzen. Die Bohnen zu den Gnocchi servieren und mit dem restlichen Parmesan bestreuen.

ZUTATEN

FÜR 4 PERSONEN
500 g grüne Bohnen (TK)
Salz
500 g Ricotta
30 g italienische Kräuter (TK)
2 Eigelb
100 g geriebener Parmesan
120 g Mehl
1 EL Butter
Pfeffer aus der Mühle
abgeriebene Schale von
½ Bio-Zitrone
AUSSERDEM:
Mehl zum Verarbeiten

🕑 **Schnippel- und Rührzeit: 30 Min.**
Auf dem Tisch in: 30 Min.

TIPP:
Wer ein paar Minuten mehr Zeit hat, kann statt der TK-Ware frische Kräuter wie Thymian, Oregano und Basilikum verwenden.

ROTER COUSCOUS MIT ERBSENGUACAMOLE

1 Den Couscous mit dem Rote-Bete-Saft in einem Topf aufkochen. Den Herd ausschalten und den Couscous zugedeckt quellen lassen. Inzwischen im Wasserkocher 200 ml Wasser aufkochen.

2 Die Avocados halbieren und den Stein entfernen. Die Avocadohälften schälen und das Fruchtfleisch in grobe Würfel schneiden. Das kochende Wasser in einen Topf umfüllen, salzen und die Erbsen darin 2 Minuten blanchieren. In ein Sieb abgießen, abschrecken, kurz abtropfen lassen und in einen hohen Rührbecher geben.

3 Die Limetten halbieren und den Saft auspressen. Die Hälfte des Limettensafts und die Avocadowürfel zu den Erbsen geben und alles mit dem Stabmixer stückig pürieren. Die Erbsenguacamole mit Salz und Pfeffer abschmecken.

4 Die Tomaten waschen und in etwa 1 cm große Würfel schneiden, dabei jeweils den Stielansatz entfernen. Die Paprikaschoten längs halbieren, entkernen, waschen und ebenfalls in 1 cm große Würfel schneiden.

5 Den restlichen Limettensaft unter den fertigen Couscous mischen. Den Couscous mit Salz und Pfeffer würzen und auf vier Schüsseln verteilen. Tomaten, Paprika, Erbsenguacamole und je 2 EL Joghurt in Längsstreifen nebeneinander daraufgeben. Je mit 1 TL Sesamsamen bestreuen und sofort servieren.

Tipp:

Falls Sie nur eine kleine Flasche Rote-Bete-Saft (330 ml) bekommen, fügen Sie einfach noch 70 ml Wasser hinzu – so müssen Sie keine zweite Flasche kaufen oder anbrechen. Statt Rote-Bete-Saft können Sie übrigens auch sehr gut Möhrensaft verwenden, dann gibt es orangefarbenen Couscous.

ZUTATEN

FÜR 4 PERSONEN
200 g Couscous
400 ml Rote-Bete-Saft
2 Avocados
Salz
200 g Erbsen (TK)
2 Limetten
Pfeffer aus der Mühle
500 g Tomaten
2 gelbe Paprikaschoten
8 EL Naturjoghurt
4 TL helle Sesamsamen

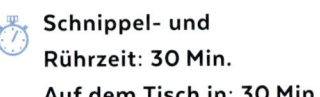 Schnippel- und Rührzeit: 30 Min.
Auf dem Tisch in: 30 Min.

Küchen-Extras:
Stabmixer

VEGGIE

ROTE-BETE-TÜRMCHEN MIT PÜREE

1 Im Wasserkocher 150 ml Wasser aufkochen. In einen großen Topf auf dem Herd umfüllen und den Blumenkohl hineingeben. Die Kartoffeln schälen, waschen, in etwa 1 cm große Würfel schneiden und zum Blumenkohl in das kochende Wasser geben. Die Milch angießen und das Gemüse mit geschlossenem Deckel bei schwacher Hitze 20 Minuten weich köcheln lassen.

2 Inzwischen den Apfel waschen und das Kerngehäuse mit dem Apfelentkerner ausstechen oder mit dem Messer herausschneiden. Den Apfel quer in 8 Ringe schneiden. Zwiebeln schälen und in dünne Ringe schneiden. Den Rosmarin waschen und trocken schütteln, die Nadeln abzupfen und fein hacken.

3 Die Butter in einer Pfanne aufschäumen und braun werden lassen, dann die Zwiebelringe darin bei mittlerer Hitze 2 Minuten anbraten. Den Rosmarin sowie die Apfelscheiben hinzufügen und alles mit Salz und Pfeffer würzen. Die Apfelscheiben bei mittlerer Hitze auf jeder Seite 5 Minuten braten.

4 Die Rote Bete in 8 Scheiben schneiden. Die Kartoffelmischung im Topf mit dem Kartoffelstampfer zerdrücken, das Püree mit Salz und Pfeffer würzen.

5 Vier Rote-Bete-Scheiben auf vier Teller verteilen und nacheinander je 1 EL Kartoffel-Blumenkohl-Püree, 1 Apfelscheibe und einige Zwiebelringe daraufschichten. Die übrigen Rote-Bete-Scheiben darauflegen und ebenso schichtweise belegen. Das restliche Kartoffel-Blumenkohl-Püree zu den Türmchen servieren.

Tipp:

Wer einen Apfelentkerner hat (z.B. zum Bratapfelmachen), der punktet hier. Alle anderen müssen leider etwas mühsam mit einem scharfen Messer das Kerngehäuse aus dem Apfel herausschneiden. Wem das zu anstrengend ist, der kann den Apfel auch erst in Scheiben schneiden und dann einzeln das Kerngehäuse aus den Scheiben herausschneiden.

ZUTATEN

FÜR 4 PERSONEN
300 g Blumenkohlröschen (TK)
300 g mehligkochende Kartoffeln
100 ml Milch
1 Apfel
2 Zwiebeln
2 Zweige Rosmarin
1 EL Butter
Salz · Pfeffer aus der Mühle
1 große Rote Bete (vorgegart und vakuumiert)

 Schnippel- und Rührzeit: 30 Min.
Auf dem Tisch in: 30 Min.

Küchen-Extras:
evtl. Apfelentkerner (siehe Tipp)
Kartoffelstampfer

VEGGIE

BLUMENKOHL-SAMOSAS MIT GURKEN-MINZE-DIP

1 Den Backofen auf 200 °C Umluft vorheizen. Ein Backblech mit Backpapier auslegen. Für die Samosafüllung das Öl in einer beschichteten Pfanne erhitzen und den Blumenkohl darin bei mittlerer Hitze unter gelegentlichem Wenden rundum anbraten. Währenddessen die Zwiebel schälen und fein hacken.

2 Die Zwiebel zum Blumenkohl geben und alles etwa 1 Minute weiterbraten. Das Gemüse mit Zimt, Garam Masala, Ingwer, Zitronensaft und Honig würzen und mit geschlossenem Deckel bei mittlerer Hitze 8 Minuten garen. Zum Schluss mit Salz würzen.

3 Inzwischen den Blätterteig auf der Arbeitsfläche ausbreiten und in 6 Quadrate schneiden. Ein Drittel der Blumenkohlmasse mittig auf die Teigquadrate verteilen. Den Teig diagonal über der Füllung einklappen, sodass dreieckige Päckchen entstehen, und die Teigränder gut mit den Fingern andrücken.

4 Die Teigtäschchen auf das Blech legen und im Ofen auf der mittleren Schiene 15 Minuten goldbraun backen. Die restliche Blumenkohlmasse zugedeckt auf der ausgeschalteten Herdplatte warm halten.

5 Für den Dip die Gurke schälen, halbieren, entkernen und auf der Gemüsereibe grob raspeln. Die Minze waschen und trocken schütteln, die Blättchen abzupfen und hacken. Den Knoblauch schälen und fein hacken. Den Joghurt mit Gurke, Minze und Knoblauch verrühren, den Dip mit Salz und Pfeffer abschmecken. Die Samosas mit dem Dip und dem restlichen Blumenkohlgemüse servieren.

Tipp:

Der Teig lässt sich etwas einfacher über der Füllung einklappen, wenn Sie die Teigquadrate gedanklich diagonal in zwei Dreiecke halbieren und die Füllung dann jeweils in die Mitte eines der beiden Dreiecke setzen – so können Sie die Teighälfte ohne Füllung ganz leicht über die gefüllte Hälfte klappen.

ZUTATEN

FÜR 4 PERSONEN

FÜR DIE SAMOSAS:
3 TL Rapsöl
750 g Blumenkohlröschen
(TK, angetaut)
1 große Zwiebel
2 TL Zimtpulver
3 TL Garam Masala
1 TL Ingwerpulver
6 EL Zitronensaft
3 EL Honig
Salz
1 Packung Blätterteig (ca. 275 g;
aus dem Kühlregal)

FÜR DEN DIP:
1 Stück Salatgurke (100–150 g)
2 Stiele Minze
2 Knoblauchzehen
150 g Naturjoghurt
Salz · Pfeffer aus der Mühle

Schnippel- und
Rührzeit: 30 Min.
Auf dem Tisch in: 30 Min.

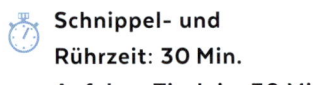
Küchen-Extras:
Gemüsereibe

TEXMEX-TACOS MIT QUINOA UND KÄSE

1 Die Quinoakörner in einem Sieb heiß abbrausen, bis das ablaufende Wasser klar ist. Mit 250 ml Wasser in einem Topf aufkochen und mit geschlossenem Deckel 15 Minuten köcheln lassen. Dann die Quinoa auf der ausgeschalteten Herdplatte zugedeckt 10 Minuten quellen lassen.

2 Inzwischen für die Salsa die Tomaten waschen und in kleine Würfel schneiden, dabei jeweils den Stielansatz entfernen. Das Koriandergrün waschen und trocken schütteln, die Blättchen abzupfen und fein hacken. Den Knoblauch schälen und ebenfalls fein hacken. Die Zitrone halbieren und den Saft auspressen. Die Hälfte des Zitronensafts mit Tomaten, Koriander und Knoblauch in einer Schüssel vermischen. Die Salsa mit Salz und Chilipulver abschmecken.

3 Den Salat putzen, waschen, trocken schleudern und in feine Streifen schneiden. Die Kidneybohnen in einem Sieb kalt abbrausen und abtropfen lassen, dann mit der Quinoa, dem restlichen Zitronensaft und der sauren Sahne vermischen.

4 Die Taco Shells nach Packungsanweisung kurz im Backofen erwärmen, dann mit Quinoa, Salat, Tomatensalsa und geriebenem Emmentaler füllen. Sofort servieren.

ZUTATEN

FÜR 4 PERSONEN
100 g Quinoa
250 g Tomaten
4 Stiele Koriandergrün
1 Knoblauchzehe
1 Zitrone
Salz · Chilipulver
50 g Eisbergsalat
200 g Kidneybohnen
(aus der Dose)
2 EL saure Sahne
8 Taco Shells
100 g geriebener Emmentaler

Schnippel- und
Rührzeit: 30 Min.
Auf dem Tisch in: 30 Min.

Küchen-Extras:
Zitruspresse

TIPP:
Die Zutaten für die Füllung eignen sich nicht nur für Tacos, sondern können genauso gut in Wraps gewickelt werden.

VEGGIE

BULGUR MIT BOHNEN

SCHNELLER GEHT'S NICHT!

TOMATEN-COUSCOUS

KNACKIGE CASHEWS UND
ZARTER MOZZARELLA
MACHEN LUST AUF MEHR.

SENFEIER
MIT HIRSE

HIER MAL ANDERS:
DIE KLASSISCHE KOMBI
AUS EIERN UND SENF

COUSCOUS-SALAT

1 Radicchio putzen, waschen, in Streifen schneiden. Ananas schälen, ohne Strunk fein würfeln, dabei Saft auffangen. Koriander waschen, trocken schütteln und ohne grobe Stiele fein hacken. Kokoschips in einer Pfanne leicht rösten. Herausnehmen und beiseitestellen. Öl in einem Topf erhitzen, Garam Masala darin anrösten. Couscous und 300 ml Wasser unterrühren, aufkochen und zugedeckt ohne Hitzezufuhr 10 Minuten quellen lassen.

2 Inzwischen Mangold putzen und waschen, Stiele fein hacken und Blätter in Streifen schneiden. Stiele in einem Topf mit 150 ml kochendem Salzwasser 3 bis 4 Minuten garen, Blätter hinzufügen und 1 Minute weitergaren. Radicchio, Ananasstücke samt Saft, Koriander, Couscous und Mangold mischen. Linsen abtropfen lassen und unterheben. Mit 1 Prise Chilipulver und Salz würzen und mit Kokoschips bestreuen.

ZUTATEN

FÜR 4 PERSONEN
300 g Radicchio · 250 g Ananas
4 Stiele Koriandergrün
4 EL Kokoschips · 2 EL Kokosöl
2 EL Garam Masala
150 g Couscous
200 g Mangold · Salz
150 g Linsen (aus der Dose)
Chilipulver

 Schnippel- und
Rührzeit: 25 Min.
Auf dem Tisch in: 30 Min.

BULGUR MIT BOHNEN

1 Den Boden einer großen Pfanne mit dem Speck auslegen. Die Bohnen darauf verteilen, den Bulgur darüberstreuen und 400 ml Wasser angießen. Mit geschlossenem Deckel aufkochen und dann 10 Minuten bei mittlerer Hitze köcheln lassen.

2 Inzwischen die Zitronen heiß waschen, trocken reiben und die Schale fein abreiben. Die Zitronen halbieren und auspressen.

3 Zitronensaft und -schale mit dem Ahornsirup und dem Joghurt in die Pfanne geben und alles bei starker Hitze 2 Minuten kochen lassen. Dann umrühren und mit Salz und Pfeffer würzen.

ZUTATEN

FÜR 4 PERSONEN
100 g Frühstücksspeck (Bacon)
450 g grüne Bohnen
(TK, aufgetaut)
200 g Bulgur · 2 Bio-Zitronen
2 EL Ahornsirup
150 g Naturjoghurt
Salz · Pfeffer aus der Mühle

 Schnippel- und
Rührzeit: 8 Min.
Auf dem Tisch in: 15 Min.

 Küchen-Extras:
Zestenreibe, Zitruspresse

SENFEIER MIT HIRSE

ZUTATEN

FÜR 4 PERSONEN
1 Kohlrabi (ca. 200 g)
200 g Hirse
2 EL gehackte Petersilie (TK)
Salz · Pfeffer aus der Mühle
2 EL Butter · 2 EL Mehl
300 ml Gemüsebrühe
50 ml Milch
2 EL mittelscharfer Senf
4 hart gekochte Eier

1 Kohlrabi schälen und in feine Würfel schneiden. Hirse in einem Sieb heiß abbrausen. Kohlrabi, Hirse und 400 ml Wasser in einem Topf aufkochen und mit geschlossenem Deckel 5 Minuten kochen lassen. Vom Herd nehmen. Petersilie unterrühren, Hirsemischung mit Salz und Pfeffer würzen und 10 Minuten zugedeckt quellen lassen.

2 Inzwischen die Butter in einem Topf zerlassen, Topf von der Herdplatte nehmen. Mehl mit dem Schneebesen einrühren und alles glatt rühren. Gemüsebrühe und Milch nach und nach unterrühren. Den Topf zurück auf den Herd stellen. Sauce aufkochen, kurz köcheln und leicht andicken lassen. Senf unter die Sauce rühren. Die Herdplatte ausschalten. Eier pellen und in der heißen Sauce warm werden lassen. Hirse auf Tellern verteilen und je 1 Ei mit Sauce dazugeben.

 Schnippel- und Rührzeit: 15 Min. Auf dem Tisch in: 20 Min.

TOMATENCOUSCOUS

ZUTATEN

FÜR 4 PERSONEN
150 g Couscous
300 ml heiße Gemüsebrühe
80 g Cashews · 500 g Tomaten
50 g getrocknete Tomaten
100 g Rucola · 125 g Mozzarella
1 TL Zimtpulver · 3 TL Olivenöl
je 1 TL Apfelessig und Agavendicksaft · Pfeffer aus der Mühle

1 Couscous in einer großen Schüssel mit der kochend heißen Gemüsebrühe übergießen und abgedeckt 10 Minuten quellen lassen. Inzwischen die Cashewkerne in einer Pfanne ohne Fett leicht braun rösten. Aus der Pfanne nehmen, auf einem Schneidbrett leicht abkühlen lassen und dann grob hacken.

2 Tomaten waschen und ohne Stielansätze klein würfeln. Getrocknete Tomaten klein würfeln. Rucola verlesen, waschen, trocken schütteln, grobe Stiele entfernen und Blätter etwas klein zupfen. Mozzarella abtropfen lassen und ebenfalls klein zupfen.

3 Zimt, Olivenöl, Essig und Agavendicksaft verrühren, mit Pfeffer abschmecken. Couscous mit dem Dressing verrühren. Tomaten, getrocknete Tomaten, Rucola und Mozzarella untermischen. Salat mit Cashewkernen bestreut servieren.

 Schnippel- und Rührzeit: 20 Min. Auf dem Tisch in: 20 Min.

BUNTER GEMÜSEEINTOPF MIT WEISSEN BOHNEN

1 Die Zwiebel schälen und in feine Würfel schneiden. Im Wasserkocher 400 ml Wasser aufkochen. Inzwischen die Kartoffeln schälen, waschen und in ½ cm große Würfel schneiden.

2 Das Olivenöl in einem großen Topf erhitzen und die Zwiebel darin 2 Minuten dünsten. Die Kartoffeln und die Tomaten hinzufügen. Das kochend heiße Wasser aus dem Wasserkocher angießen und alles aufkochen. 1 TL Salz sowie die italienischen Kräuter unterrühren und die Mischung mit geschlossenem Deckel bei mittlerer Hitze köcheln lassen.

3 Inzwischen den Sellerie sowie die Zucchini putzen, waschen und in ½ cm große Würfel schneiden. Unter die Kartoffelmischung im Topf rühren und alles 18 Minuten weiterköcheln.

4 Währenddessen die Bohnen in einem Sieb abbrausen, abtropfen lassen und nach den 18 Minuten Garzeit unter die Suppe rühren. Die Suppe mit Salz und Pfeffer abschmecken und 2 Minuten weiterköcheln. Mit Baguette servieren.

Tipp:

Wer ein paar Minuten mehr Zeit hat, kann für die Suppe frische italienische Kräuter (z.B. Basilikum, Thymian, Rosmarin, Oregano) verwenden. Diese waschen und trocken schütteln, die Blättchen bzw. Nadeln abzupfen und hacken. Wer hingegen schneller fertig sein möchte oder muss: einfach die Kartoffeln durch kleine Nudeln ersetzen! Sie können den Eintopf noch mit geriebenem Parmesan oder klein geschnittenen Würstchen verfeinern.

ZUTATEN

FÜR 4 PERSONEN
1 rote Zwiebel
350 g festkochende Kartoffeln
2 EL Olivenöl
1 Dose stückige Tomaten
(400 g)
Salz
1 EL getrocknete italienische
Kräuter
1 Stange Staudensellerie
2 kleine Zucchini (ca. 400 g)
1 Dose weiße Bohnen
(330 g Abtropfgewicht)
1 kleines Baguette (nach
Belieben Vollkorn)

 Schnippel- und
Rührzeit: 20 Min.
Auf dem Tisch in: 30 Min.

TIPP:
Ideal für die schnelle, gesunde Küche: Hülsenfrüchte aus der Dose punkten mit hochwertigem Protein und vielen Ballaststoffen.

NUDELNESTER MIT SPINAT UND EI

1 Die Zitrone heiß waschen und trocken reiben, die Schale fein abreiben und den Saft auspressen. Den Spinat verlesen, waschen und trocken schütteln. Dann mit dem Zitronensaft in einem großen Topf bei schwacher Hitze etwa 3 Minuten zusammenfallen lassen, währenddessen immer wieder umrühren.

2 Die Nudeln, die Zitronenschale und den Frischkäse gut unter den Spinat mischen. Die Herdplatte ausschalten und die Nudelmischung mit geschlossenem Deckel 3 Minuten ziehen lassen, dabei zwischendurch einmal umrühren.

3 Inzwischen das Öl in einer großen beschichteten Pfanne erhitzen und darin bei mittlerer Hitze 4 Spiegeleier braten, dafür die Eier nacheinander direkt in die Pfanne aufschlagen. Dabei am besten mit dem nächsten Ei immer kurz warten, bis das vorherige etwas gestockt ist.

4 Die Nudeln mit ½ TL Salz und etwas Pfeffer abschmecken. Mit einer großen Gabel nacheinander zu 4 Nestern aufdrehen und diese auf Teller setzen. Die Spiegeleier auf den Nestern platzieren und leicht mit Salz und Pfeffer würzen. Sofort servieren.

ZUTATEN

FÜR 4 PERSONEN
1 Bio-Zitrone
250 g Baby-Spinat
300 g frische Bandnudeln
(aus dem Kühlregal)
150 g (Ziegen-)Frischkäse
1 TL Öl
4 Eier
Salz · Pfeffer aus der Mühle

🕐 Schnippel- und
Rührzeit: 30 Min.
Auf dem Tisch in: 30 Min.

🧤 Küchen-Extras:
Zestenreibe
Zitruspresse

+ TIPP

ALS BÜROMAHLZEIT AB INS GLÄSCHEN, FÜR DIE SCHULE BESSER IN EINE KUNSTSTOFFBOX!

VEGGIE

COOK IT

BUNTER SCHÜTTELSALAT

1 Die Hirse in einem Sieb heiß abbrausen und abtropfen lassen. Mit 250 ml Wasser in einem Topf aufkochen und mit geschlossenem Deckel 5 Minuten köcheln lassen. Dann die Hirse auf der ausgeschalteten Herdplatte 10 Minuten quellen lassen.

2 Inzwischen die Möhren putzen, schälen und in feine Würfel schneiden. Die Knoblauchzehen schälen und fein hacken. Die Frühlingszwiebeln putzen, waschen und in feine Ringe schneiden. Die Zitrone halbieren und den Saft auspressen.

3 In einer Pfanne 1 EL Öl erhitzen und die Hälfte des Knoblauchs sowie die Frühlingszwiebeln darin andünsten, dann aus der Pfanne nehmen. Das restliche Öl in die Pfanne geben und die Möhren darin 2 Minuten anbraten. Garam Masala, Zimt und 2 EL Zitronensaft unterrühren. Mit Salz würzen und in eine Schüssel umfüllen.

4 Den Spinat verlesen, waschen und gut abtropfen lassen. Die Cocktailtomaten waschen, trocken tupfen und halbieren. Die Soft-Datteln fein hacken.

5 Die Hirse auf vier Twist-off-Gläser verteilen. Möhren, Spinat, Tomaten, Frühlingszwiebeln, Datteln und Pinienkerne jeweils daraufschichten.

6 Für das Dressing den Joghurt mit dem restlichen Knoblauch verrühren und mit Salz und Pfeffer kräftig abschmecken. Das Dressing auf den Salat in den Gläsern verteilen. Die Gläser verschließen und bis zum Verzehr im Kühlschrank aufbewahren. Vor dem Öffnen kräftig durchschütteln.

Tipp:

Dieser Salat lässt sich gut vorbereiten und ist ein toller Begleiter für Büro, Schule oder Picknick. Er schmeckt noch besser, wenn er über Nacht durchziehen konnte!

ZUTATEN

FÜR 4 PERSONEN
120 g Hirse
400 g Möhren
2 Knoblauchzehen
3 Frühlingszwiebeln
1 Zitrone
2 EL Öl
3 EL Garam Masala
2 TL Zimtpulver
Salz
50 g Baby-Spinat
200 g Cocktailtomaten
4 Soft-Datteln (weiche getrocknete Datteln)
4 TL Pinienkerne
150 g Naturjoghurt
Pfeffer aus der Mühle

Schnippel- und Rührzeit: 30 Min.
Auf dem Tisch in: 30 Min.

Küchen-Extras:
Zitruspresse
4 Twist-off-Gläser
(à 400–500 ml)

CHICKEN-BURGER

1 Die Kidneybohnen in einem Sieb abbrausen und abtropfen lassen. Mit Tomatenmark, Sojasauce und Worcestersauce in einem hohen Rührbecher mit dem Stabmixer fein pürieren. Die Sauce jeweils mit 1 Prise Salz und Zucker abschmecken und beiseitestellen. Die gegrillte Paprika in feine Streifen schneiden. Die Salatblätter waschen und trocken schütteln.

2 Das Öl in einer Pfanne bei mittlerer Hitze erwärmen. Die Maiskölbchen darin unter gelegentlichem Wenden 10 Minuten anbraten. Parallel dazu eine Grillpfanne ohne Fett erhitzen. Die Brötchen halbieren und mit der Schnittfläche nach unten etwa 2 Minuten in der Pfanne anrösten, dann herausnehmen.

3 Die Hähnchenbrustfilets waschen, trocken tupfen, längs halbieren und in der Grillpfanne ohne Fett bei mittlerer Hitze auf jeder Seite 4 bis 5 Minuten braten, dabei nach dem Wenden je 1 Scheibe Gouda auf die Hähnchenbruststücke legen.

4 Die Brötchenhälften mit der Kidneybohnensauce bestreichen. Die Salatblätter auf die Unterhälften verteilen und mit den Paprikastreifen belegen. Fleisch und Maiskölbchen darauflegen und mit den Brötchenoberhälften abdecken.

ZUTATEN

FÜR 4 PERSONEN
100 g Kidneybohnen
(aus der Dose)
1 EL Tomatenmark
1 EL Sojasauce
1 EL Worcestersauce
Salz · Zucker
100 g gegrillte Paprikaschote
(in Öl eingelegt, abgetropft)
4 Salatblätter
2 EL Rapsöl
12 Mini-Maiskolben (aus der Dose)
4 Vollkornbrötchen (ersatzweise
Mehrkornbrötchen)
2 Hähnchenbrustfilets (à 150 g)
4 Scheiben mittelalter Gouda
(à 30 g)

Schnippel- und
Rührzeit: 25 Min.
Auf dem Tisch in: 30 Min.

Küchen-Extras:
Stabmixer
Grillpfanne

+ TIPP

KLEINE PARTY-STICKER
SORGEN FÜR BESSEREN
ZUSAMMENHALT.

GEMÜSEPOMMES MIT KETCHUP UND SALAT

1 Den Backofen auf 250°C Umluft vorheizen. Rote Beten und Möhren schälen und wie Pommes in ½ cm dicke Stäbchen schneiden. In zwei Schüsseln verteilen, jeweils mit 1 TL Salz mischen und 15 Minuten ziehen lassen. Die entstandene Flüssigkeit abgießen und das Gemüse mit Küchenpapier trocken tupfen. Die Rote-Bete- und die Möhrenstäbchen jeweils separat in je 1 EL Öl wälzen und in je 1 EL Mehl wenden. Kartoffeln gründlich waschen, ebenfalls in ½ cm große Stifte schneiden und mit dem übrigen Öl mischen.

2 Zwei Backbleche bereitstellen. Die Möhrenstäbchen auf einem Backblech verteilen, sodass zwei Drittel der Fläche bedeckt sind. Die Rote-Bete-Stäbchen auf dem zweiten Blech ebenso auf zwei Dritteln der Fläche verteilen. Die Kartoffeln auf den noch freien Flächen der Bleche verteilen. (Gemüse- und Kartoffelstäbchen sollten nicht aufeinanderliegen.) Das Blech mit den Möhren im Ofen auf der obersten Schiene, das Blech mit den Roten Beten auf der untersten Schiene 10 Minuten backen. Das Gemüse auf den Blechen mit einem Pfannenheber vorsichtig wenden, die Bleche tauschen und das Gemüse 12 Minuten weiterbacken.

3 Inzwischen für den Salat die Tomaten waschen und halbieren. Die Bohnen abbrausen und abtropfen lassen. Für das Dressing Joghurt mit Orangensaft verrühren, mit Salz und Pfeffer abschmecken. Die Hälfte der Bohnen, die Hälfte der Tomaten und den Salat in einer Schüssel mit dem Dressing mischen.

4 Für den Ketchup Schalotte schälen und halbieren. Mit restlichen Tomaten, Essig, Zucker und ½ TL Salz in einem Topf mit geschlossenem Deckel bei mittlerer Hitze 5 Minuten kochen. Die restlichen Bohnen hinzufügen, mit Pfeffer würzen und mit dem Stabmixer fein pürieren. Die Pommes aus dem Ofen nehmen und mit Salat und Ketchup servieren.

Tipp:

Zugegeben, die Pommes fallen zeittechnisch etwas aus dem Rahmen ... Sie sind aber sooo lecker, dass sie dennoch hier stehen!

ZUTATEN

FÜR 4 PERSONEN
FOODFOTO: SIEHE COVER
UNTEN RECHTS

FÜR DIE GEMÜSEPOMMES:
2 Rote Beten (ca. 300 g)
300 g Möhren
Salz · 3 EL Rapsöl · 2 EL Mehl
400 g Frühkartoffeln

FÜR SALAT UND KETCHUP:
500 g Cocktailtomaten
200 g Cannellini-Bohnen
(aus der Dose; ersatzweise
weiße Bohnen)
4 EL Naturjoghurt
2 EL Orangensaft
Salz · Pfeffer aus der Mühle
1 Beutel verzehrfertiger Salat
(ca. 100 g; aus dem Kühlregal)
1 Schalotte
3 EL weißer Essig
(Sorte nach Belieben)
1 EL Zucker

Schnippel- und Rührzeit:
35 Min. + Backzeit: 22 Min.
Auf dem Tisch in: 1 Std.

Küchen-Extras:
Stabmixer

FLADENBROTPIZZA MIT GRILLGEMÜSE

ganz easy

1 Den Backofen auf 220 °C Umluft vorheizen. Die Fladenbrothälfte waagerecht halbieren, die Stücke mit den Schnittflächen nach oben auf ein Backblech legen. Den Schafskäse abtropfen lassen und in einen hohen Rührbecher geben. Die Knoblauchzehe schälen, grob hacken, mit der Milch in den Rührbecher geben und die Zutaten mit dem Stabmixer glatt pürieren.

2 Das Fladenbrot mit der Käsecreme bestreichen und im Ofen auf der mittleren Schiene 15 Minuten backen. Danach aus dem Ofen nehmen.

3 Während das Brot backt, die Paprikaschote längs halbieren, entkernen, waschen und in 2 × 2 cm große Stücke schneiden. Die Zucchini und die Aubergine putzen, waschen und schräg in 1 cm dicke Scheiben schneiden. Die Zwiebel schälen und vierteln.

4 Das Olivenöl in einer Pfanne erhitzen und die Zwiebel darin bei starker Hitze kurz anbraten. Dann Paprika, Zucchini und Aubergine dazugeben und bei mittlerer Hitze 3 Minuten braten. Das Gemüse an den Pfannenrand schieben. In der Pfannenmitte das Currypulver kurz anrösten, mit Honig und Zitronensaft ablöschen und alles mit dem Gemüse mischen. Mit geschlossenem Deckel 10 Minuten köcheln lassen. Das Gemüse auf den Broten verteilen. Zum Servieren in Stücke schneiden.

Tipp:

Noch schneller geht es mit fertigem Antipastigemüse, das es an italienischen oder griechischen Ständen auf Wochenmärkten oder in Supermärkten gibt.

ZUTATEN

FÜR 4 PERSONEN
½ Fladenbrot (ca. 250 g)
200 g Schafskäse (Feta)
1 Knoblauchzehe
50 ml Milch
1 Paprikaschote (Farbe nach Belieben)
1 Zucchini (ca. 250 g)
1 kleine Aubergine
1 rote Zwiebel
2 EL Olivenöl
1 EL mildes Currypulver
1 EL Honig
3 EL Zitronensaft

Schnippel- und Rührzeit: 30 Min.
Auf dem Tisch in: 30 Min.

Küchen-Extras: Stabmixer

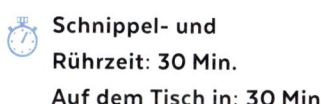

alles **VEGGIE**

APRIKOSENKNÖDEL MIT VANILLESAUCE

1 Das Fladenbrot in etwa 1½ cm große Würfel schneiden. Im Wasserkocher reichlich Wasser aufkochen. 150 ml davon beiseitestellen, den Rest in einen großen Topf geben und zugedeckt bei schwacher Hitze siedend halten.

2 Die Fladenbrotwürfel in einer Schüssel mit dem Wasser aus dem Wasserkocher und mit der Sahne übergießen. Mit einem Holzkochlöffel gut durchrühren und 5 Minuten ziehen lassen.

3 Inzwischen die Aprikosen waschen, halbieren und entsteinen. Für die Sauce die Hälfte des Puddingpulvers mit 2 EL Milch glatt rühren. Die restliche Milch mit 1 EL Zucker in einen Topf geben und das angerührte Puddingpulver mit dem Schneebesen unterrühren. Die Mischung unter Rühren aufkochen und kurz köcheln lassen, bis sie leicht andickt. Die Sauce beiseitestellen.

4 Restliches Puddingpulver, restlichen Zucker, Mandeln und Eier zur Fladenbrotmasse geben und alles gut vermischen. Die Masse in 6 gleich große Portionen teilen und nacheinander zu Knödeln formen. Dafür jeweils mit leicht befeuchteten Handflächen flach drücken, in die Mitte je 1 Aprikosenhälfte legen, die Ränder darüberklappen und das Ganze zu einem runden Knödel formen.

5 Die Knödel in das siedende Wasser geben und knapp unter dem Siedepunkt 6 bis 7 Minuten gar ziehen lassen. Mit dem Schaumlöffel aus dem Wasser heben, kurz abtropfen lassen und auf Teller geben. Mit der Vanillesauce servieren.

ZUTATEN

FÜR 4 PERSONEN
50 g Fladenbrot
50 g Sahne
6 kleine Aprikosen
1 Päckchen Vanillepuddingpulver
¼ l Milch
50 g Zucker
50 g gehackte Mandeln
2 Eier

 Schnippel- und Rührzeit: 30 Min.
Auf dem Tisch in: 30 Min.

+ TIPP

DIE VANILLESAUCE PASST
AUCH GUT ZU OBSTSALAT.

KINDER-
LIEBLING

PFLAUMENEIS

FÜR EIN EIS AM SCHLUSS IST
IMMER PLATZ – EGAL WIE
VIEL MAN VORHER SCHON
GESCHLEMMT HAT ...

KEKS-KAKAORAMISU

GUT GESCHICHTET IST SCHON HALB GEWONNEN –
UND DANN IST DIESES DESSERT AUS KEKSEN,
JOGHURT UND BEEREN FAST FERTIG.

SCHOKOCREME

SCHOKO UND AVOCADO? DIESE KOMBI
WIRD HERRLICH CREMIG!

THIS IS FOR YOU

HEIDEL-
BEER-
TÖRTCHEN

DIE SCHNELLSTEN
TÖRTCHEN
ZUM KNUSPERN

KEKS-KAKAORAMISU

1 Den Boden der rechteckigen Form mit einer doppelten Schicht Butterkekse auslegen. Die Hälfte der gefrorenen Beeren darauf verteilen und mit der Hälfte des Vanillejoghurts bestreichen. Übrige Butterkekse, Beeren und restlichen Joghurt auf die gleiche Weise daraufschichten.

2 Im Kühlschrank abgedeckt etwa 3 Stunden durchziehen lassen. Zum Servieren mit Kakaopulver bestäuben. Dafür den Kakao mithilfe eines Löffels durch ein Sieb streichen.

Tipp:

Dieses Lieblingsdessert ist superschnell vorbereitet, braucht aber etwas Ruhezeit im Kühlschrank.

ZUTATEN

FÜR 4 PERSONEN
125 g Vollkornbutterkekse
200 g Beerenmischung (TK)
400 g Vanillejoghurt
1 EL Kakaopulver

Schnippel- und
Rührzeit: 5 Min.
Ziehzeit: ca. 3 Std.
Auf dem Tisch in: 3 Std.

Küchen-Extras:
rechteckige Auflauf- oder
Backform (ca. 28 × 19 cm)

PFLAUMENEIS

1 Die Pflaumen waschen, halbieren, entsteinen und in kleine Würfel schneiden. Die Würfel in einer gefrierfesten Schüssel im Tiefkühlfach mindestens 3 Stunden gefrieren lassen.

2 Die Bananen schälen und mit den gefrorenen Pflaumen im Mixer auf höchster Stufe oder in einem hohen Rührbecher mit dem Stabmixer feincremig pürieren. In Eisbecher füllen, jeweils mit 1 TL gehackten Mandeln bestreuen und sofort servieren.

Tipp:

Für das Eis vollreife Bananen verwenden, da sie für die Süße sorgen – braune Stellen sollten die Früchte jedoch nicht haben, sie machen das Eis leicht bitter. Statt Pflaumen schmecken auch Beeren. Auch hier gilt: fix zubereitet, benötigt aber Gefrierzeit.

ZUTATEN

FÜR 4 PERSONEN
500 g Pflaumen
2 Bananen
4 TL gehackte Mandeln

Schnippel- und
Rührzeit: 10 Min.
Tiefkühlzeit: 3 Std.
Auf dem Tisch in: 3 Std. 10 Min.

Küchen-Extras:
gefrierfeste Schüssel
Stand- oder Stabmixer

HEIDELBEERTÖRTCHEN

1 Die Heidelbeeren verlesen, waschen und trocken tupfen. Die Reiswaffeln jeweils mit 2 EL Quark bestreichen.

2 Je 1 EL Lemon Curd pro Waffel auf dem Quark glatt streichen und die Heidelbeeren darauf verteilen. Sofort servieren.

Tipp:

Lemon Curd erhalten Sie in Feinkostläden oder größeren Supermärkten im Regal mit den süßen Brotaufstrichen. Wer es nicht bekommt: Auch die Kombination aus Aprikosenkonfitüre und Himbeeren schmeckt super - oder einfach die jeweilige Lieblingskonfitüre und das Lieblingsobst.

ZUTATEN

FÜR 4 PERSONEN
80 g Heidelbeeren
4 Reiswaffeln (Natur)
8 EL Quark (20% Fett)
4 EL Lemon Curd (Zitronen-creme; aus dem Glas)

 Schnippel- und Rührzeit: 7 Min.
Auf dem Tisch in: 7 Min.

SCHOKOCREME

1 Die Schokolade in Stücke brechen und in einer Metallschüssel im heißen Wasserbad unter gelegentlichem Rühren schmelzen. Währenddessen die Avocado halbieren und den Stein entfernen. Die Avocadohälften schälen und das Fruchtfleisch in einem hohen Rührbecher mit dem Stabmixer pürieren.

2 Avocado und Apfelmark unter die Schokolade mischen. Für ein Eiswasserbad das Crushed Ice in eine Schüssel füllen, in die die Metallschüssel mit der Schokolade passt, und bis etwa zur Hälfte mit kaltem Wasser auffüllen.

3 Die Schüssel mit der Schokolade in das Eiswasser stellen und die Masse mit den Quirlen des Handrührgeräts zu einer luftigen, festen Creme aufschlagen. Nocken abstechen und auf Schälchen verteilen und nach Belieben mit Schokoröllchen bestreuen.

ZUTATEN

FÜR 4 PERSONEN
100 g Vollmilchschokolade
1 Avocado
100 g Apfelmark
(aus dem Bioladen)
1 Handvoll Crushed Ice

Schnippel- und Rührzeit: 15 Min.
Auf dem Tisch in: 15 Min.

 Küchen-Extras:
Stabmixer
Handrührgerät mit Quirlen

REGISTER

K/L

M/N

O/P

R

S

T

W/Z

DIE AUTOREN: SARAH SCHOCKE UND ALEXANDER DÖLLE

Powerpaar mit gemeinsamer Silbermedaille der GAD (Gastronomische Akademie Deutschlands e.V.) und stolze Eltern zweier Kinder. Sie: Ökotrophologin, Fachredakteurin für gesunde Ernährung, Buchautorin, Fachjournalistin und Bloggerin (www.ganzundgarsaisonal.de) mit einer extremen Leidenschaft für biologisches, vegetarisches und saisonales Kochen. Er: Ökotrophologe, bei einem führenden Anbieter für Bioprodukte tätig, Rezeptentwickler und kaum aus der gemeinsamen Küche in Frankfurt am Main wegzubringen.

IMPRESSUM

© 2016 ZS Verlag GmbH
Kaiserstraße 14 b | D-80801 München

ISBN 978-3-89883-615-9
1. Auflage 2016

Projektleitung: Alexandra Gudzent
Rezepte & Texte: Sarah Schocke und Alexander Dölle
Lektorat: Karin Kerber
Grafische Gestaltung: Seidldesign, Irene Schulz
Fotografie, Foodstyling und Styling: Julia Hörsch,
Pia Westermann, Katja Graumann
Herstellung & Producing: Jan Russok
Druck & Bindung: optimal media GmbH, Röbel

Die ZS Verlag GmbH ist ein Unternehmen der Edel AG, Hamburg.
www.zsverlag.de | www.facebook.com/zsverlag

BILDNACHWEIS

Cover-Foto unten rechts (Gemüsepommes):
Fotos mit Geschmack
Cover-Foto oben (Kinder mit Melonenspießen):
StockFood/food art factory

Auf den Geschmack gekommen?

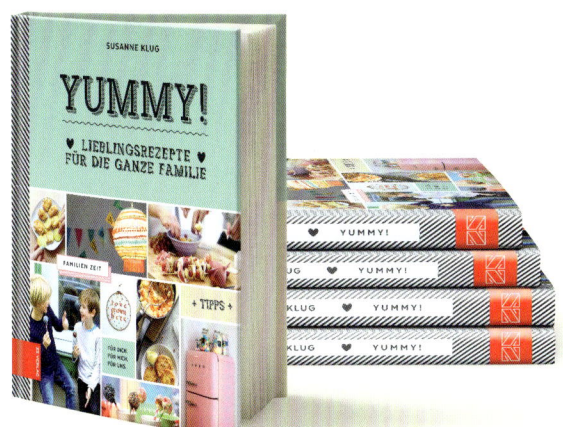

Die Kochbibel für die ganze Familie — so wird Kochen zum neuen Lieblings-Familienevent

Susanne Klug
Yummy! — Lieblingsrezepte
für die ganze Familie
€ [D] 19,99
ISBN 978-3-89883-525-1

Happy Birthday — lecker für die Kinder, entspannt für die Eltern und ein großer Spaß für alle

Christiane Kührt
Ganz easy Kindergeburtstag
€ [D] 14,99
ISBN 978-3-89883-633-3

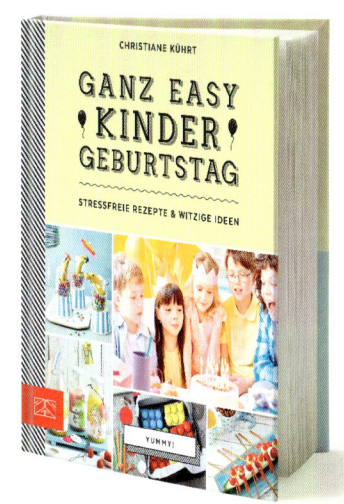

Gleich weiterkochen!

Jetzt überall, wo es gute Bücher gibt.